너는 꿈을 어떻게 이룰래? 10

성공의 법칙

리앙즈웬 지음 | 리선애 옮김

한언

너는 꿈을 어떻게 이룰래? ❿

성공의 법칙

펴 냄	2007년 4월 1일 1판 1쇄 박음 | 2007년 4월 5일 1판 1쇄 펴냄
지은이	리앙즈웬(梁志援)
옮긴이	리선애
펴낸이	김철종
펴낸곳	(주)한언
	등록번호 제1-128호 / 등록일자 1983. 9. 30
주 소	서울시 마포구 신수동 63-14 구 프라자 6층(우 121-854)
	TEL. 02-701-6616(대) / FAX. 02-701-4449
책임편집	김승규 sgkim@haneon.com
디자인	임동광 dklim@haneon.com
일러스트	김신애 sakim@haneon.com
홈페이지	www.haneon.com
e-mail	haneon@haneon.com

이 책의 무단전재 및 복제를 금합니다.
잘못 만들어진 책은 구입하신 서점에서 바꾸어 드립니다.

ISBN 978-89-5596-420-2　44320
ISBN 978-89-5596-329-8　44320(세트)

성공의 법칙

꿈꾸는 아이들에게는
지식을 선물할 것이 아니라
지혜를 선물해야 합니다.

어린이들에게 지혜의 문을 열어주자

이 책은 왜 출간되었는가?

오늘날처럼 급변하는 시대에 전통적인 교육 시스템은 새로운 욕구를 만족시키지 못하는 경우가 많다. 일상생활에서 반드시 필요한 시간관리, 금전관리, 인간관계, 목표설정, 리더십, 문제해결 능력 등은 전통적인 교육방식으로는 배울 수 없는 것들이다. 《너는 꿈을 어떻게 이룰래?》시리즈는 바로 이러한 문제인식에서 출발하여 출간되었다. 이 시리즈는 동시대와 호흡하고 있는 여러 분야의 대가들의 지혜를 모델로 삼았으며, 그들의 사고방식(Thinking Model)을 재미있는 이야기로 엮었다. 또한 다양한 심리학적 지식을 참고하고 그 방법을 적용하여 학생들의 이해력을 돕고자 노력했다.

이 책은 누구를 위한 것인가?

이 책은 초등학교 4학년부터 중학교 3학년(약 9~15세) 학생들이 앞으로 인생을 살아가는 데 꼭 필요한 인성을 익힐 수 있도록 집필되었다. 만약 어린 학생이 이 책을 본다면 선생님과 부모님들은 그들의 이해 수준에 따라 적절한 설명을 곁들여야 효과가 클 것이다. 연습문제는 그대로 따라 풀 수 있도록 구성하였다. 물론 이 책은 성인들에게도 도움이 된다고 생각한다. 다만, 어린이들은 사물에 호기심이 많고 이해가 빠르기 때문에 사고방식 훈련에 더욱 좋은 효과가 있으리라 생각한다.

선생님과 부모님들은 이 책을 어떻게 활용해야 할까?

선생님과 부모님들은 먼저 지문의 요점을 이해한 다음, 아이들에게 설명하고 연습문제를 풀게 한다. 또 선생님과 부모님은 아이들의 인성교육에 있어 훌륭한 조언자이기 때문에 그들의 모범이 되어야 하며, 자신의 경험에 비추어 학생들과 함께 답안을 작성하고 느낀 점에 대해 토론해야 한다. 이 과정에서 학생들의 다양한 생각을 북돋워주고, 그 사고방식이 학생들의 생활에 소중한 가치관으로 자리 잡게 하며 이를 습관화하도록 도와준다. 그럼으로써 어른들은 자신의 삶을 되돌아볼 수 있고, 아이들의 인생은 보다 풍요롭고 행복해질 것이다.

이 책은 정답이 없다!

책 뒷부분에 제시된 답안은 학생들의 올바른 사고방식과 가치관 형성을 돕고자 하는 참고답안일 뿐 정답이 아니라는 점을 말해두고 싶다. 다양한 사고방식과 개인의 견해 차이를 인정해야 하기 때문이다. 참고답안에 얽매이기보다는 자유로운 토론과 사고를 통해 온전히 자신의 지혜로 만들기 바란다.

죽은 지식과 살아 있는 지혜

초등학교를 졸업할 때쯤 아이들의 신체조건, 지적 수준, 사고 능력은 거의 비슷하다고 할 수 있다. 그러나 오랜 세월이 지난 후 그 결과는 사뭇 다르다. 아마도 이러한 결과를 운의 몫으로 돌리는 사람도 있을 것이다. 어떤 사람들은 운이 따르지 않아서 성공할 수 없었고, 어떤 사람들은 운 좋게 귀인을 만나 성공했다고 생각할 수도 있다. 그렇다면 행운 외에 다른 이유는 없는 것일까? 한 학년의 학업을 마쳤다는 것은 학교에서 배운 지식과 능력이 다른 사람과 별 차이가 없다는 것을 의미한다. 그런데 왜 일부분의 사람들만 배운 지식을 자유자재로 활용할 수 있을까? 그것은 그들에게 또 다른 살아있는 지혜가 있기 때문이다.

지식사회에서 살고 있는 우리는 그 어느 때보다 지식에 대한 욕구가 간절하다. 우리는 반드시 이전보다 더 치열하게 학습하고 많은 시간을 투자해야 한다. 예를 들면 대학을 졸업하고 나서도 전공 관련 자격증을 취득하거나 앞으로 생계유지에 필요한 전문기술을 배워야 한다. 기초적인 전문기술이 우리의 경쟁력을 높여주고, 생계유지 차원에서 도움이 된다는 것은 의심할 여지가 없다. 그러나 이런 '죽은 지식'을 자유자재로 활용하려면 반드시 '산지식'을 자유자재로 활용할 수 있는 능력이 필요하다. 그렇다면 '산지식'을 활용할 수 있는 능력이란 무엇인가?

유명한 미래학자 존 나이스비트 *John Naisbitt* 는 지식사회에서 다음과 같은 네 가지 기능을 습득해야 한다고 말한다. 그것은 바로 공부하는 방법, 생각하는 방법, 창조하는 방법, 교제하는 방법이다.

같은 분야의 전문 자격증을 취득한 엔지니어 두 명이 있었다. 그중 A라는 사람은 공부하는 방법을 알고 있었기 때문에 급속하게 변화하는 시장의 요구에 맞춰 신제품 관련 지식을 파악할 수 있었고, 사람들과 교제하는 방법과 표현능력이 뛰어났기 때문에 더 많은 주문을 받을 수 있었다. 또한 창의적인 사고방식을 가지고 있어서 어려운 문제에 봉착했을 때 빠르고 쉽게 해결할 수 있었다. 그리고 과거를 반성하고 미래를 예측할 수 있는 혜안 덕분에 더욱 많은 기회를 잡을 수 있었다. 그러나 B라는 사람은 A처럼 그렇지 못했기 때문에 그에 비해 성공적인 삶을 살지 못했다.

죽은 지식과 산지식 사이에는 다음과 같은 차이점이 있다.

* 죽은 지식은 쉽게 시대에 뒤떨어지고 새로운 지식에 자리를 내주지만, 산지식은 평생 활용이 가능하다.
* 죽은 지식을 습득하는 데는 많은 시간이 필요하지만, 산지식은 짧은 시간 안에 쉽게 배울 수 있다. 그러나 산지식을 이해할 수도 인정할 수도 없는 사람들은 평생 걸려도 배우지 못한다.
* 죽은 지식은 일반적으로 학교에서 교과과정을 통해 배울 수 있지만, 산지식은 언제 어디서나 정해진 틀에 얽매이지 않고 배울 수 있다.
* 죽은 지식은 평가가 가능하지만, 산지식은 정확하게 평가하기가 어렵고 긴 시간이 지나야 그 결과를 통해 알 수 있다. 그러나 확실하게 산지식을 배울 수 있다면 그 효과는 굉장하다.

성공한 사람들의 공통점이 있다면 그들은 산지식의 소유자라는 것이다. 리앙즈 웬 선생이 쓴 《너는 꿈을 어떻게 이룰래?》 시리즈는 바로 세계적인 교육의 새로운 흐름에 따라 집필된 '산지식'이라 하겠다. 이 시리즈는 지식사회가 요구하는 인재 육성을 위한 훌륭한 교과서다. 이 책의 특징은 어려운 문장은 피하고, 간결하고 정확한 언어를 사용했다는 점이다. 연습문제를 통해 학생들이 쉽게 이해하고, 그

숨은 뜻을 바로 습득할 수 있도록 구성했다. 즉, 이 책에서 제기된 많은 지식들은
사람들이 평생 배워도 체계적으로 터득하기 어려운 산지식이라고 자신 있게 말할
수 있다. 아이들이 이 시리즈를 통해 평생 사는 데 도움이 되는 훌륭한 지혜들을
얻기 바란다.

–존 라우《너는 꿈을 어떻게 이룰래?》시리즈 고문

우리가 원하든 원치 않든 세계는 일련의 간단한 원리에 따라 운행합니다.

사회학자, 심리학자, 경제학자들은 오랜 연구와 실천을 통해 복잡한 이 세상에 존재하는 일부 간단한 원리들을 발견했어요. 세상을 움직이는 이러한 원리들은 일상생활의 많은 부분에 영향을 준답니다.

이러한 원리들의 발견을 통해 우리는 세계를 더 분명하게 바라볼 수 있게 되었어요. 이런 원리를 알아야만 복잡한 사회를 똑똑히 이해하고 자신의 인생과 운명을 자기의 손에 꼭 잡을 수 있다고 해요.

이 책에서는 우리 인생에서 많이 사용되는 16가지 원리만 골라서 수록했어요. 이런 법칙들은 지혜의 거울이 되어 요지경 같은 세상의 진짜 모습을 있는 그대로 보여줄 거예요. 그리고 뱃길을 인도하는 등대마냥 인생의 바른 길을 비춰주게 될 거예요.

이런 원리에는 깊은 이치가 내포되어 있어요. 청소년들이 그 속에 있는 지혜의 결정체를 깨닫고 활용한다면 운명을 변화시키는 마술 지팡이를 얻는 것과 같답니다. 청소년들은 인생길에서 커다란 변화를 가져올 거예요.

차례

나무 물통의 법칙(최소율의 법칙)
—치명적인 약점이 실패를 만들어요

만약 작은 결점이라도 고치지 않으면 자신에게 치명적인 영향을 미칩니다.

1 나무 물통의 법칙이란

나무 물통은 옛날 사람들이 쓰던 것으로 요즘에는 사극에서나 볼 수 있습니다. 나무 물통은 여러 나무판을 붙여서 만들어요. 물통에 담을 수 있는 물의 양은 제일 긴 나무판이 결정하지 않습니다. 제일 짧은 나무판이 물통에 담을 수 있는 물의 양을 결정합니다. 이 법칙을 나무 물통의 법칙이라고 해요.

01 나무 물통의 법칙에 따르면 나무 물통에 담을 수 있는 물의 양은 어떤 나무판에 의해 결정되나요?

☐ 가. 제일 넓은 나무판

☐ 나. 제일 긴 나무판

☐ 다. 제일 짧은 나무판

☐ 라. 제일 좁은 나무판

02 나무 물통의 법칙이 의미하는 것은 무엇인가요?

 ☐ 가. 실패에 영향을 주는 강점을 이용하거나 키우는 것

 ☐ 나. 실패에 영향을 주는 약점을 피하거나 줄이는 것

 ☐ 다. 유명해지는 데 영향을 주는 약점을 피하거나 줄이는 것

 ☐ 라. 유명해지는 데 영향을 주는 강점을 이용하거나 키우는 것

2 아킬레우스의 약점

아킬레우스는 그리스 신화의 트로이전쟁에 등장하는 가장 잘생기고 용감하며 뛰어난 전사예요. 어머니인 바다의 여신은 아킬레우스가 갓난 아이일 때 스틱스 강물에 거꾸로 담궈 불사신(不死身 : 결코 죽지않는 몸)으로 만들었대요. 하지만 어머니가 잡고 있었던 발뒤꿈치만 물에 담그지 않아 그의 몸에서 유일하게 상처를 입을 수 있는 곳이 되었대요. 그는 오랜 세월 계속된 트로이전쟁에서 가는 곳마다 승리했습니다. 그리스 사람들은 그를 용감한 장군으로 마음속에 모셨지요. 하지만 전쟁이 거의 끝날 무렵, 적군의 장수는 아킬레우스의 약점을 발견하고 급소를 화살로 쐈답니다. 유일한 약점인 발뒤꿈치에 화살을 맞고 아킬레우스는 끝내 쓰러지고 말았답니다.

01 아킬레우스는 고대 어느 나라의 위대한 영웅인가요?

 ☐ 가. 바빌론

 ☐ 나. 그리스

 ☐ 다. 페르시아

 ☐ 라. 이집트

02 아킬레우스의 어머니는 그를 어떻게 불사신으로 만들었나요?

 ☐ 가. 소년 시절에 그를 스틱스 강물에 담갔다.

 ☐ 나. 청년 시절에 그를 스틱스 강물에 담갔다.

 ☐ 다. 그가 갓 태어나자마자 스틱스 강물에 담갔다.

 ☐ 라. 그는 태어날 때부터 불사신이었다.

CHAPTER 1

03 아킬레우스의 한 신체부위가 물에 담기지 않은 이유는 무엇인가요?

☐ 가. 신의 손에 쥐어져 있었기 때문이에요.

☐ 나. 부모의 손에 쥐어져 있었기 때문이에요.

☐ 다. 아버지의 손에 쥐어져 있었기 때문이에요.

☐ 라. 어머니의 손에 쥐어져 있었기 때문이에요.

04 아킬레우스는 신체의 어느 부위가 약점인가요?

☐ 가. 발뒤꿈치

☐ 나. 발가락

☐ 다. 발바닥

☐ 라. 발등

05 사람들은 전장에 이르는 곳마다 승리를 이끄는 아킬레우스를 뭐라고 불렀나요?

☐ 가. 가장 용감한 장군

☐ 나. 가장 전투에 능한 장군

☐ 다. 가장 강한 장군

☐ 라. 가장 정의로운 장군

06 아킬레우스는 전쟁에서 왜 죽었나요?

☐ 가. 적군의 도끼에 급소를 맞아서

☐ 나. 적군의 창에 급소를 찔려서

☐ 다. 적군의 화살에 급소를 맞아서

☐ 라. 적군의 총에 급소를 맞아서

07 아킬레우스의 이야기에서 무엇을 느꼈나요?

　□ 가. 용감하면 모든 것을 이겨낼 수 있다.

　□ 나. 약점은 실패를 초래할 수 있다.

　□ 다. 자신의 약점을 숨겨야 한다.

　□ 라. 자신의 강점을 보여야 한다.

3 나무 물통의 법칙의 핵심

　　나무 물통의 법칙의 핵심은 다음과 같은 점들이에요. 나무 물통에 담을 수 있는 물의 양은 가장 짧은 나무판에 의해 결정돼요. 제일 짧은 나무판보다 긴 부분은 아무 의미가 없다는 말이죠. 또한 길수록 낭비도 더 크고요. 만약 나무 물통의 용량을 늘리려면 가장 짧은 나무판의 높이를 높여야 해요. 또 나무판 사이에 틈새가 있거나 틈새가 클수록 물을 가득 담을 수 없어요. 밑 빠진 항아리처럼 한 방울의 물도 담을 수 없어요.

01 나무 물통의 법칙에 따르면 긴 나무판은 어떤 특징이 있나요?

　□ 가. 길수록 낭비가 크다.

　□ 나. 길수록 낭비가 작다.

　□ 다. 짧을수록 낭비가 크다.

　□ 라. 짧아져도 변화 없다.

02 나무 물통의 법칙에 따르면 가장 효과적으로 용량을 늘리는 방법은 무엇인가요?

　□ 가. 제일 긴 나무판을 짧게 한다.

　□ 나. 제일 짧은 나무판을 짧게 한다.

　□ 다. 제일 짧은 나무판을 길게 한다.

　□ 라. 제일 긴 나무판을 더 길게 한다.

03 나무 물통의 법칙에 따르면 언제 물을 담을 수 없나요?

☐ 가. 나무판 사이에 틈이 없을 때

☐ 나. 나무통 사이에 틈이 없을 때

☐ 다. 나무통 사이에 틈이 있을 때

☐ 라. 나무판 사이에 틈이 있을 때

04 만약 공장에서 생산라인 중 한 과정이 불량이거나 한 과정을 거치지 않았다면 그 상품은 어떻게 될까요?

☐ 가. 다른 유형의 상품으로 바뀐다.

☐ 나. 폐품이 된다.

☐ 다. 제일 좋은 물품이 된다.

☐ 라. 별 영향이 없다.

05 복잡한 도로가 갑자기 좁아진다면 어떻게 될까요?

☐ 가. 영향이 없다.

☐ 나. 속도가 조금 빨라진다.

☐ 다. 속도가 많이 늦어진다.

☐ 라. 속도가 조금 늦어진다.

06 만약 A라는 영양소의 결핍으로 식물이 성장을 멈추었을 때 B라는 영양소를 보충한다면 어떻게 될까요?

☐ 가. 성장이 늦어진다.

☐ 나. 죽어버린다.

☐ 다. 성장이 빨라진다.

☐ 라. 영향이 없다.

07 한 축구팀에 심각한 결점이 있거나 이로 인해 늘 실패한다면 제일 좋은 해결 방법은 무엇일까요?

☐ 가. 기술과 힘을 키운다.

☐ 나. 수비력을 키운다.

☐ 다. 여행을 간다.

☐ 라. 결점을 개선한다.

08 만약 공부, 가정, 친구, 인격수양 면에서 매우 성공하더라도 건강을 잃는다면 인생은 어떻게 필까요?

☐ 가. 더 없이 좋아진다.

☐ 나. 활기차게 발전한다.

☐ 다. 빈틈이 없어진다.

☐ 라. 모든 것이 실패하여 돌이킬 수 없어진다.

09 노련한 선수들로 모인 팀이 오히려 실패하기 쉬운 이유는 무엇일까요?

☐ 가. 뛰어난 기술이 부족하다.

☐ 나. 연습이 부족하다.

☐ 다. 협력정신이 부족하다.

☐ 라. 물질적인 보상이 부족하다.

4 나무 물통의 법칙의 한계

나무 물통의 법칙의 실마리는 부족함과 결점이에요. 이를 개선하기 위해 많은 방법들을 동원하여 부족함을 보완하고 결점을 고치려고 하죠. 하지만 이 법칙이 어떤 상황에나 모두 적용되는 것은 아니에요. 모든 사람은 자신에게 맞는 조건이 있으니까요. 예를 들면 '긴 나무판'은 자신만의 강점이라고 할 수 있어요. 만약 강점을 활용하기 위해 많은 노력을 한다면 약점의 방해를 받지 않을 거예요. 그렇게 되면 강점을 키우고 약점을 줄이는 효과를 얻을 수 있고 자신의 능력을 한층 높일 수 있어요. 반대로 약점을 보완하기 위해 모든 노력을 쏟았지만 '짧은 나무판'을 길게 만들지 못한다면 오히려 원래의 강점도 발휘할 수 없기 마련이죠. 그러므로 상황에 맞게 나무 물통의 법칙을 이용하는 것이 현명한 선택이랍니다.

01 나무 물통의 법칙은 어떤 특징이 있나요?

 ☐ 가. 어떤 상황에나 맞는 기준은 아니다.

 ☐ 나. 균형 있게 발전하는 것이 꼭 필요하다.

 ☐ 다. 나에게 맞는 조건이 있다.

 ☐ 라. 다양한 변화의 규칙이 있다.

02 사람들의 강점은 나무 물통의 어떤 나무판과 같나요?

 ☐ 가. 긴 나무판

 ☐ 나. 짧은 나무판

 ☐ 다. 넓은 나무판

 ☐ 라. 좁은 나무판

03 다음 중 나무 물통의 법칙을 이용하기에 적합하지 않은 것은 무엇인가요?

(정답을 모두 고르세요)

 ☐ 가. 강점은 성공과 실패에 반드시 영향을 준다.

 ☐ 나. 강점은 성공과 실패에 영향을 주지 않는다.

 ☐ 다. 약점은 성공과 실패에 영향을 주지 않는다.

 ☐ 라. 약점은 성공과 실패에 반드시 영향을 줄 것이다.

 ☐ 마. 약점을 보완해도 아무런 이익이 없다.

 ☐ 바. 강점을 발휘하면 이익을 얻을 수 있다.

5 생각해보기

누구에게나 '가장 짧은 나무판'이 있어요. 지금부터 자신의 약점을 찾아보세요. 자신의 성공을 방해하는 것인가요? 그 약점을 줄이고 보완하는 방법은 무엇일까요? 여러분의 '짧은 나무판'은 어디에 있나요?

예 : 나쁜 습관, 질투, 열등감, 걱정, 게으름, 신중하지 못함 등

_____

_____

_____

 제1과 학습 포인트

> ✓ 나무 물통의 용량을 결정하는 것은 가장 짧은 나무판이다.
>
> ✓ 가장 짧은 나무판보다 긴 부분은 모두 필요 없는 부분이다.
>
> ✓ 가장 짧은 나무판을 길게 하는 것이 용량을 늘이는 제일 효과적인 방법이다.
>
> ✓ 나무판 사이가 촘촘해야 물을 가득 담을 수 있다.
>
> ✓ '나무 물통의 법칙'은 어떤 상황에나 맞는 기준이 아니다.

티핑 포인트

―끝까지 노력하면 성공할 수 있어요

인생은 마라톤과 같습니다. 목표를 이루기 위해 끝까지 노력하는 사람만이 승리할 수 있습니다.

― 이케다 다이사쿠

1 티핑 포인트란

달리기를 한참 하다 보면 자신도 모르게 온몸이 기진맥진한 것을 느낄 수 있어요. 바로 이때 포기하지 않는다면 어느 순간 두 다리가 저절로 움직이는 것처럼 가뿐해지고 끝까지 달릴 수 있어요. 마치 물이 수증기로 변하려면 섭씨 100도까지 펄펄 끓어야 하는 것처럼 말이죠. 섭씨 99도까지 끓어도 수증기로 변할 수 없어요. 그러나 섭씨 1도만 더 높인다면 많은 수증기를 만들어 기계를 움직일 수 있어요. 이처럼 달리기를 하거나 물을 끓일 때 보이지 않는 지점을 넘으면 급속하게 결과를 얻을 수 있습니다. 바로 보이지 않는 그 지점이 티핑 포인트 *Tipping Point* 예요.

01 물을 93℃까지 가열했다면 몇 도를 더 올려야 수증기를 얻을 수 있나요?

　□ 가. 4℃

　□ 나. 5℃

　□ 다. 6℃

　□ 라. 7℃

02 티핑 포인트란 무엇인가요?

　　□ 가. 이 지점을 넘어야 새로운 성공의 단계에 이를 수 있다.

　　□ 나. 이 지점을 넘어야 유명해진다.

　　□ 다. 이 지점을 넘어도 아무런 변화가 없다.

　　□ 라. 이 지점을 넘으면 실패한다.

2 말콤 글래드웰의 예

　말콤 글래드웰 *Malcolm Gladwell* 이 쓴 《티핑 포인트》에는 70년대 미국 동북부의 한 도시에 살던 백인들이 갑자기 교외로 이사하는 현상이 실려 있습니다. 도시의 한 지역으로 이사 온 흑인들의 비율이 전체 인구의 20%에 도달하면 '폭발'적으로 흑인이 늘어난대요. 그래서 이 지역에서 살던 백인들은 모두 이사를 간다고 합니다.

　이러한 현상은 팩시밀리와 휴대폰 판매에서도 나타나요. 팩시밀리와 휴대전화의 수량이 '티핑 포인트'를 넘어서자 팩시밀리와 휴대전화의 세상으로 변해버렸대요. 이밖에도 부자들의 재산은 눈 깜짝 할 사이에 티핑 포인트를 넘어 팽창하기 시작한대요. 세계에서 돈을 제일 많이 버는 부자인 빌 게이츠의 재산도 10여 년 동안 느린 속도로 증가하다가 어느 시점이 지나자 급격히 늘어난 것이지요.

01 《티핑 포인트》에서 따르면, 백인들의 지역에 흑인의 비율이 얼마를 넘어서야 백인들이 이사를 가기 시작하나요?

　　□ 가. 18%

　　□ 나. 20%

　　□ 다. 22%

　　□ 라. 24%

02 어떤 현상이 티핑 포인트에 이르기 전에는 어떻게 진행되나요?

    □ 가. 아주 빠른 속도로

    □ 나. 조금 빠른 속도로

    □ 다. 마음대로

    □ 라. 느린 속도로

03 아래 그림 중 티핑 포인트를 표현한 그래프는 무엇인가요?

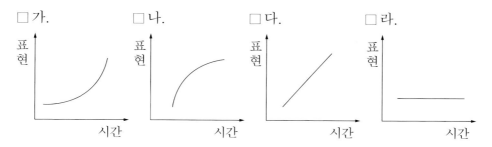

04 어떤 현상이 티핑 포인트를 지난 후에는 어떻게 진행되나요?

    □ 가. 마음대로

    □ 나. 멈춘다

    □ 다. 느린 속도로

    □ 라. 아주 빠른 속도로

05 티핑 포인트의 출현은 어떤 특징이 있나요?

    □ 가. 갑자기 나타나요.

    □ 나. 우연히 나타나요.

    □ 다. 열심히 노력해야 나타나요.

    □ 라. 순식간에 나타나요.

    □ 마. 느리게 나타나요.

    □ 바. 마음대로 나타나요.

06 티핑 포인트는 어떤 상황에 응용할 수 있을까요?

    □ 가. 잘 팔리는 영화

    □ 나. 부자의 재산이 빠르게 증가함

    □ 다. 상품의 빠른 판매속도

    □ 라. 유행이 퍼지는 속도

    □ 마. 하루 밤 사이에 유명해진 연예인

    □ 바. 전염병의 빠른 전염속도

3 티핑 포인트가 주는 교훈

토머스 쿤 *Thomas Kuhn*은 《과학혁명의 구조》에서 인류과학 및 문명의 발전은 지수함수 곡선형으로 나타난다고 지적했습니다. 그중 몇몇 혁명적인 이론이 티핑 포인트가 되며 이러한 새로운 이론이 과학과 문명을 한 걸음 앞으로 나아가게 만든다고 해요. 갈릴레이가 지동설(지구가 태양의 주위를 돈다는 주장)을 주장했던 것처럼 말이죠. 마찬가지로 모든 개인이나 기업의 성장에는 티핑 포인트가 있으며 이 지점을 넘어서야 성공할 수 있대요. 인생에서 성공하려면 안간힘을 다해 장애를 극복하고 끝까지 노력하면서 티핑 포인트를 향해 한 걸음 한 걸음 나아가야 합니다.

01 일부 혁명적 이론이 티핑 포인트를 넘어선 순간 우리의 과학과 문명은 어떻게 달라질까요?

    □ 가. 한 걸음 후퇴한다.

    □ 나. 한 걸음 발전한다.

    □ 다. 크게 발전한다.

    □ 라. 크게 후퇴한다.

02 순식간에 자신의 꿈을 이루거나 성공하려면 어떻게 해야 하나요?

    □ 가. 어려운 일이 생기면 포기하고 티핑 포인트를 향해 한 걸음씩 나아간다.

    □ 나. 놀고 싶으면 놀면서 티핑 포인트를 향해 한 걸음씩 나아간다.

□ 다. 교묘한 방법을 사용하여 티핑 포인트를 향해 한 걸음씩 나아간다.

□ 라. 끝까지 노력하면서 티핑 포인트를 향해 한 걸음씩 나아간다.

03 티핑 포인트를 넘지 못하면 우리는 어떻게 될까요?

□ 가. 노력한 만큼 발전할 수 있다.

□ 나. 노력한 만큼 칭찬 받을 수 있다.

□ 다. 노력했지만 성공할 수 없다.

□ 라. 노력했으므로 실패하지 않는다.

04 아침이 밝기 전 가장 어두운 순간을 참아내면 어떤 모습을 볼 수 있을까요?

□ 가. 달이 아침노을과 함께 서쪽으로 눈부시게 진다.

□ 나. 태양이 아침노을과 함께 동쪽에서 눈부시게 솟아오른다.

□ 다. 태양이 아침노을과 함께 서쪽에서 눈부시게 진다.

□ 라. 달이 아침노을과 함께 동쪽에서 눈부시게 솟아오른다.

05 티핑 포인트를 넘어서려면 반드시 무엇을 먼저 해야 하나요?

□ 가. 목표와 꿈을 가져야 한다.

□ 나. 돈과 명예를 가져야 한다.

□ 다. 시간과 지식을 가져야 한다.

□ 라. 친구와 가족을 가져야 한다.

4 티핑 포인트의 한계

티핑 포인트를 넘어서라는 말은 우리가 어떤 선택권도 없이 인생여행을 시작해야 한다는 것이 절대 아닙니다. 끊임없이 달리기만 하고 끝까지 노력한다고 꿈을 꼭 이루는 것도 아닙니다. 정말 극복하기 어려운 장애물을 만났다면 용감하게 부딪치는 것보다는 돌아가는 것이 나을 수도 있습니다. 어떤 때는 한 걸음 물러서서 단번에 장애물을 뛰어넘을 수도 있어요. 사실 성공은 맹목적인 노력만을 요구하지 않아요. 주변을 둘러보며 관찰하고 잘못된 것이 있다면 하루 빨리 발견하여 철저히 고쳐야 해요. 잘못된 길을 계속 걷는다면 당연히 실패하겠지요. 오직 재능과 지혜를 충분히 발휘한 노력만이 성공을 이끌어낼 수 있어요.

01 정말 극복하기 어려운 장애를 만났을 때 우리는 어떻게 해야 할까요?

(정답을 모두 고르세요)

☐ 가. 다른 사람이 도와주기를 기다린다.

☐ 나. 계속 앞으로 걸어가고 영원히 멈추지 않는다.

☐ 다. 한 걸음 물러서서 단번에 뛰어넘는다.

☐ 라. 장애물을 피해 돌아간다.

☐ 마. 잠시 멈춰서 환경이 변하기를 기다린다.

☐ 바. 장애물이 저절로 사라지기를 기다린다.

02 인생여행을 하면서 반드시 지켜야 할 것은 무엇인가요?

☐ 가. 장애물이 생기면 모른척 지나간다.

☐ 나. 주변을 관찰하면서 잘못된 것을 고친다.

☐ 다. 남들이 하는 대로 따라한다.

☐ 라. 장애물이 나타날 때마다 모두 해결해야 한다.

03 자신의 인생여행이 잘못되었다면 어떻게 해야 하나요?

☐ 가. 처음부터 다시 시작한다.

☐ 나. 빨리 고쳐야 한다.

☐ 다. 그 자리에 멈춰선다.

☐ 라. 남에게 의지한다.

CHAPTER 2

04 노력과 함께 무엇을 갖추어야 성공할 수 있나요?

　□ 가. 집착과 고집

　□ 나. 변화와 자신감

　□ 다. 겸손과 용기

　□ 라. 재능과 지혜

5 생각해보기

모든 사람에게는 성공하기 위한 티핑 포인트가 있어요. 이 지점을 넘어야만 성공할 수 있습니다. 지금부터 자신의 목표를 찾고 티핑 포인트를 향해 한 걸음씩 나아가세요.

　예 : 나쁜 습관을 고치고 영어공부를 열심히 한다

_____

_____

_____

 제 2과 학습 포인트

> ✓ 티핑 포인트는 성공으로 넘어가는 경계의 그 시점을 말한다.
>
> ✓ 티핑 포인트는 재산의 축적, 전염병의 빠른 전염속도, 유명 브랜드 만들기, 성공한 사람들의 꿈 이루기, 유행의 빠른 전파 등의 사회현상에 응용할 수 있다.
>
> ✓ 성공하려면 목표를 이루고자 끝까지 노력하면서 티핑 포인트를 향해 한 걸음씩 나아가야 한다.
>
> ✓ 노력은 반드시 '재능과 지혜'의 기초 위에서 이뤄져야 한다.

벼룩의 법칙
─스스로 정한 한계의 비애

어떤 목표를 세운 만큼 어떤 성과가 따르게 된다.

1 벼룩의 법칙이란

벼룩은 자기 키의 100배 이상 높이 뛸 수 있습니다. 높이뛰기 챔피언이라고 해도 과언이 아니죠. 생물학자들은 높이가 서로 다른 유리상자 안에 벼룩을 넣어 얼마나 높이 뛰는지 실험했습니다. 실험결과 유리상자의 높이에 따라 높이뛰기의 능력이 정해지는 것을 발견했어요. 유리상자를 치워도 여전히 벼룩은 유리상자의 높이만큼 뛰었대요. 자신의 잠재력이 어느 정도인지 모른 채 말이죠.

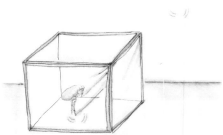

01 벼룩은 자기 키의 몇 배나 뛸 수 있나요?

　□ 가. 자기 키만큼

　□ 나. 2배만큼

　□ 다. 100배 이상

　□ 라. 뛸 수 없다

02 벼룩의 높이뛰기 반응을 실험하기 위해 생물학자들은 벼룩을 어디에 넣었나요?

☐ 가. 넓이가 서로 다른 유리상자

☐ 나. 넓이가 똑같은 유리상자

☐ 다. 높이가 서로 다른 유리상자

☐ 라. 높이가 똑같은 유리상자

03 유리상자를 치우자 벼룩은 어떻게 되었나요?

☐ 가. 유리상자의 높이만큼 뛰었다.

☐ 나. 유리상자의 넓이만큼 뛰었다.

☐ 다. 유리상자의 부피만큼 뛰었다.

☐ 라. 전혀 뛰지 않았다.

04 이 실험에서 벼룩이 자기 키의 100배 이상 높이 뛰지 못한 이유는 무엇인가요?

☐ 가. 벼룩은 원래 높이 뛸 생각이 없었다.

☐ 나. 벼룩은 유리상자 높이의 제한을 받아 환경에 적응했다.

☐ 다. 벼룩은 유리상자 높이의 제한을 받아 환경을 바꾸었다.

☐ 라. 벼룩은 유리상자 높이의 제한을 받았지만 자신의 능력을 더욱 키웠다.

2 아인슈타인의 예

아인슈타인 *Elbert Einstein* 은 1879년 독일 뷔르템베르크 울름 *Ulm* 의 한 유태인 가정에서 태어났어요. 그리고 뮌헨에서 어린 시절을 지냈어요. 아인슈타인은 선생님들이 보기에 결코 착한 학생이 아니었어요. 흥미 없는 과목은 거들떠보지도 않았고 수업시간에는 늘 딴 곳에 정신을 팔았지요. 그래서 그는 낮은 성적 때문에 졸업장도 받지 못하고 학교를 나왔어요. 하지만 많은 과학자들처럼 아인슈타인의 타고난 재능인 자연현상에 대한 호기심만은 결코 줄어들지 않았어요. 그는 1905년 〈상대성 이론〉을 발표하여 우주에 대한 인식을 바꾸었어요. 그로부터 17년 후 노벨상을 받았지요. 또 아인슈타인은 평생 과학연구에 몰두하면서도 평화를 부르

짖었어요. 그는 나치의 비인도적 폭력에서 많은 과학자들을 구해냈어요. 그의 위대한 공헌을 기리기 위해 〈타임〉지는 그를 20세기를 대표하는 인물로 선정했답니다.

01 아인슈타인은 어느 나라에서 어린 시절을 보냈나요?
　　□ 가. 미국
　　□ 나. 프랑스
　　□ 다. 독일
　　□ 라. 영국

02 아인슈타인은 왜 선생님들에게 착한 학생이 아니었나요? (정답을 모두 고르세요)
　　□ 가. 그의 상상력이 매우 풍부했기 때문에
　　□ 나. 자연현상에 대해 호기심이 너무 많았기 때문에
　　□ 다. 좋아하지 않는 과목은 거들떠보지도 않았기 때문에
　　□ 라. 평화를 사랑했기 때문에
　　□ 마. 자신의 능력을 발휘하지 못했기 때문에
　　□ 바. 수업시간에 늘 딴 곳에 정신을 팔았기 때문에

03 아인슈타인은 몇 살 때 〈상대성 이론〉을 발표했나요?
　　□ 가. 24살
　　□ 나. 26살
　　□ 다. 28살
　　□ 라. 30살

04 아인슈타인의 타고난 재능은 무엇인가요?

    □ 가. 인생에 대한 호기심

    □ 나. 인류 행복에 대한 호기심

    □ 다. 세계 평화에 대한 호기심

    □ 라. 자연현상에 대한 호기심

05 아인슈타인은 〈타임〉지에서 어떤 인물로 선정되었나요?

    □ 가. 20세기를 대표하는 인물

    □ 나. 19세기를 대표하는 인물

    □ 다. 20세기를 부끄럽게 한 인물

    □ 라. 21세기에 기대되는 인물

06 아인슈타인이 성공할 수 있었던 요인은 무엇인가요?

    □ 가. 늘 문제를 생각한 것

    □ 나. 세계 평화를 지킨 것

    □ 다. 자신의 타고난 재능을 발휘한 것

    □ 라. 〈상대성 이론〉을 발표한 것

3 벼룩의 법칙이 주는 교훈

    사람의 잠재능력은 벼룩의 높이뛰기 능력과 비슷합니다. 사람이 발휘할 수 있는 능력은 놀랄 만큼 대단해요. 하지만 많은 사람들은 한 번의 좌절을 겪고나면 자신감을 잃어 평범해지려고 해요. 그로 인해 자신의 잠재능력을 조금씩 잃어버리죠. 사실 사람은 자신의 잠재능력 중 겨우 3%만 쓴다고 많은 과학자들이 말합니다. 만약 4%의 잠재능력을 발휘한다면 그 사람은 천재라고 생각해요. 여러분에게는 무궁무진한 잠재능력이 숨어 있어요. 자신을 너무 과소평가하지 마세요. 누구나 마음속에 하나의 거인이 있답니다. 오직 그 거인을 잠에서 깨워야만 새로운 자신을 창조할 수 있고 더 큰 성과를 거둘 수 있어요.

01 벼룩을 유리상자 안에 넣어두는 것은 인생의 어떤 상황과 비슷한가요?

    ☐ 가. 승리

    ☐ 나. 도전

    ☐ 다. 성공

    ☐ 라. 좌절

02 벼룩이 높이뛰기 능력을 잃는 것은 마치 사람이 무엇을 잃는 것과 같은가요?

    ☐ 가. 타고난 미모

    ☐ 나. 타고난 잠재능력

    ☐ 다. 소중한 친구

    ☐ 라. 많은 재산

03 사람들은 왜 점점 평범해지려고 할까요?

    ☐ 가. 여러 문제에 부딪히고 좌절하여 거기에 익숙해지기 때문에

    ☐ 나. 여러 문제에 부딪혀 겸손해지기 때문에

    ☐ 다. 여러 문제에 부딪혀 초조하기 때문에

    ☐ 라. 여러 문제에 부딪혀 분노하기 때문에

04 과학자들은 천재들이 잠재능력의 몇 %만을 발휘한다고 생각하나요?

    ☐ 가. 1%

    ☐ 나. 2%

    ☐ 다. 3%

    ☐ 라. 4%

05 새로운 자신을 창조하고 더 큰 성과를 이루려면 어떻게 해야 하나요?

    ☐ 가. 마음속의 거인을 깨워야 한다.

    ☐ 나. 마음속의 거인을 잠들게 한다.

□다. 마음속의 거인을 내쫓는다.

□라. 마음속의 거인을 만나면 안 된다.

4 벼룩의 법칙을 피하는 법

사람은 누구나 독특하면서도 무궁무진한 잠재능력이 있지만 반드시 과학적인 태도와 방법으로 자신을 깨달아야 합니다. 재능, 취미, 성격, 포부 및 가치관 등을 안 다음 잠재능력을 발굴하고 키워야 해요. 제아무리 천재라 해도 성공은 쉽게 이루어지지 않습니다. 수많은 성과를 이룩한 뛰어난 사람들은 모두 오랜 연습과 학습을 거쳐 훌륭한 인재로 성장한 것입니다.

01 자신의 잠재능력을 발굴하려면 어떻게 해야 하나요?

□가. 과학적인 태도와 방법으로 자신을 깨달아야 한다.

□나. 다른 사람이 충고하는 대로 자신에 대해 분석한다.

□다. 성공한 다른 사람들의 태도와 방법을 모방한다.

□라. 무조건 노력한다.

02 자신의 잠재능력을 발굴할 때 몰라도 되는 것은 무엇인가?

□가. 재능

□나. 성격

□다. 포부

□라. 취미

□마. 가치관

□바. 성별

03 사람들의 잠재능력은 어떤 특징이 있나요?

☐ 가. 좋지 않은

☐ 나. 독특한

☐ 다. 서로 같은

☐ 라. 서로 적대적인

04 잠재능력과 무엇이 합쳐져야 뛰어난 인재로 성장할 수 있나요?

☐ 가. 상대방을 속임

☐ 나. 교묘한 수단과 방법

☐ 다. 꾸준한 노력

☐ 라. 다른 사람의 재산을 빼앗음

5 생각해보기

잠재능력이란 무엇인가요? 한 사람의 타고난 재능, 교제능력, 인품, 덕성 등은 모두 '잠재능력'이라고 할 수 있어요. 지금부터 자신의 잠재능력이 무엇인지 세심하게 생각하고 써보세요.

_____

_____

_____

_____

_____

🚌 **제 3과 학습 포인트**

✓ 벼룩은 유리상자의 높이에 익숙해져 높이뛰기 능력을 잃어버린다.

✓ 마음속의 거인을 깨워 새로운 자아를 발견하고 더욱 큰 성과를 거두어야 한다.

✓ 반드시 과학적인 태도와 방법으로 자신의 잠재능력을 키워야 한다.

✓ 각 개인의 잠재능력은 독특한 것이다.

✓ 천재도 긴 세월의 연습과 학습을 거쳐야 뛰어난 인재가 된다.

4 나비효과
—작은 변화가 거대한 결과를 만들어요

한 가지라도 열심히 해야 합니다. 사소한 일이 인생에 영향을 주어 성패를 결정합니다.

1 나비효과란

1972년, 미국 매사추세츠 공과대학(M.I.T)의 저명한 기상학자 에드워드 로렌츠 *Edward Lorenz*는 한 연설에서 이렇게 말한 적이 있어요. "아마존 강 유역 열대우림에 사는 나비 한 마리의 날갯짓이 2주일 후 미국 텍사스에 토네이도를 발생시킬 수 있습니다." 나비의 반복적인 날갯짓이 주위 공기층에 변화를 일으켜 기류현상이 일어나면 연쇄반응이 생기고 엄청난 위력을 과시하는 토네이도가 발생할 수 있다는 말입니다. 로렌츠의 이 발견은 과학계에 커다란 영향을 일으켰어요. 이때부터 '나비효과(Butterfly Effect)'는 세상에 알려졌어요.

01 나비효과를 발표한 에드워드 로렌츠는 어느 대학의 기상학자인가요?

　　□ 가. 프린스턴 대학

　　□ 나. 코넬 대학

　　□ 다. 매사추세츠 공과대학

　　□ 라. 스탠포드 대학

02 나비효과를 발표한 에드워드 로렌츠는 어떤 전문가인가요?

　□ 가. 생물학자

　□ 나. 기상학자

　□ 다. 천문학자

　□ 라. 생태학자

03 나비효과에 따르면 나비의 어떤 동작이 토네이도를 일으키나요?

　□ 가. 나비의 숫자가 많아지면 토네이도가 생긴다.

　□ 나. 나비와 토네이도는 상관 없다.

　□ 다. 날갯짓을 하지 않아도 토네이도는 생긴다.

　□ 라. 반복적인 날갯짓 때문에 토네이도가 생긴다.

04 나비효과를 일으키는 원인은 무엇일까요?

　□ 가. 나비의 반복적인 날갯짓이 기류를 변화시키면 연쇄반응이 생겨 커다란 날씨 변화를 일으킨다.

　□ 나. 나비의 날갯짓은 원래 토네이도의 위력만큼 세다.

　□ 다. 나비의 날갯짓에 하늘이 감동하여 토네이도를 만든다.

　□ 라. 나비의 날갯짓에 놀란 다른 곤충들이 함께 날갯짓을 하여 토네이도를 만든다.

05 나비효과에서 무엇을 느꼈나요?

　□ 가. 엄청난 변화를 해야만 큰 영향을 일으킬 수 있다.

　□ 나. 엄청난 변화를 해도 작은 영향밖에 일으킬 수 없다.

　□ 다. 작은 변화는 작은 영향밖에 일으킬 수 없다.

　□ 라. 작은 변화도 큰 영향을 일으킬 수 있다.

2 우주왕복선의 폭발

2003년 2월 1일, 지구로 귀환하던 우주왕복선 컬럼비아호가 뜻밖에 공중에서 폭발했어요. 이 사고로 승무원 7명이 모두 목숨을 잃었어요. 항공우주국의 조사결과 사고의 원인은 이륙할 때 떨어져 나온 단열재 조각 때문이라고 밝혀졌어요. 컬럼비아호 표면은 2만여 개의 방열 타일로 덮여 있었어요. 그 타일들은 우주왕복선이 대기권으로 다시 돌아올 때 발생하는 고온을 견디기 위한 것이에요. 아쉽게도 컬럼비아호가 이륙한 뒤 외부 연료탱크에서 떨어져 나온 단열재 조각이 날개 아래쪽의 방열 타일에 충돌했고 이 때문에 끔찍한 사고가 벌어진 것입니다.

01 컬럼비아호에 어떤 사고가 생겼나요?

　□ 가. 지구를 떠날 때 갑자기 폭발했다.

　□ 나. 이륙하기 전에 갑자기 폭발했다.

　□ 다. 지구로 귀환하던 중 갑자기 폭발했다.

　□ 라. 지면에 착륙한 후 갑자기 폭발했다.

02 컬럼비아호의 사고를 조사한 곳은 어디인가요?

　□ 가. 항공관제탑

　□ 나. 승강기관리국

　□ 다. 미국연방항공청

　□ 라. 항공우주국

03 이 사고의 원인은 무엇인가요?

　□ 가. 날아다니는 새와 충돌했다.

　□ 나. 떨어져 나온 단열재 조각

　□ 다. 기상악화

　□ 라. 연료부족

04 컬럼비아호가 폭발한 원인은 무엇인가요?

　　□가. 이륙할 때 떨어져 나온 조각 하나와 방열타일이 충돌하여 파괴되었고 이
　　　　로 인해 귀환할 때 열을 견디지 못했기 때문에

　　□나. 유도시스템의 고장으로 귀환지점을 못찾았기 때문에

　　□다. 연료가 부족했기 때문에

　　□라. 방열타일에는 문제가 없었으나 갑가지 날씨가 나빠져서 시야를 확보하지
　　　　못했기 때문에

05 컬럼비아호의 사고에서 무엇을 느꼈나요?

　　□가. 큰 실수에 비해 작은 실수는 용서할 수 있다.

　　□나. 작은 실수는 다른 사람의 잘못이라고 말하면 된다.

　　□다. 보잘것없는 작은 일이 큰 사고를 일으킬 수 있다.

　　□라. 큰 실수를 하면 작은 실수는 무시해도 된다.

3 나비효과가 주는 교훈

　　나비효과는 정말 신기하고 놀랍습니다. 이 효과가 의미하는 것은 보잘것없는 작은 일이 큰 영향을 일으킬 수 있는 중요한 역할을 한다는 것이죠. 그러므로 작은 실수는 발견하자마자 바로잡아야 합니다. 절대로 실수를 질질 끌면 안 됩니다. 한 나라의 작은 일이 인터넷을 통해 전세계적으로 막대한 영향을 일으킬 수도 있어요. 또 중국의 모래바람이 한국과 일본에 황사현상으로 나타나는 것을 보면 알 수 있어요.

01 나비효과에 따르면 작은 실수를 어떻게 대처해야 하나요?

　□ 가. 발견하는 즉시 다른 일을 해야 한다.

　□ 나. 발견하는 즉시 도망쳐야 한다.

　□ 다. 발견하는 즉시 바로 잡아야 한다.

　□ 라. 발견하는 즉시 모른 척해야 한다.

02 나비효과에 따르면 전세계에 영향을 미칠 수 있는 작은 일을 어떻게 처리하나요?

　□ 가. 관심을 주지 않는다.

　□ 나. 운명이라 생각하고 되는대로 내버려 둔다.

　□ 다. 힘을 합쳐 해결한다.

　□ 라. 다 같이 포기한다.

03 다음 중 어떤 일이 인생에 커다란 영향을 줄 수 있을까요? (정답을 모두 고르세요)

　□ 가. 한 번의 진심어린 서비스

　□ 나. 한 번의 대담한 테스트

　□ 다. 밝은 미소

　□ 라. 습관적인 동작

　□ 마. 신속한 반응

　□ 바. 적극적인 태도

04 철로를 놓을 때 나사못 하나가 강철 50그램을 절약할 수 있어요. 철로를 놓으려면 1킬로미터마다 나사못 5,000개가 필요해요. 총 길이가 10킬로미터인 철로가 있다면 강철을 얼마나 절약할 수 있을까요?

　□ 가. 1.5톤

　□ 나. 2.5톤

　□ 다. 3.5톤

　□ 라. 4.5톤

CHAPTER 4

05 나비효과의 핵심은 무엇일까요? (정답을 모두 고르세요)

　□ 가. 작은 잘못이 큰 실수를 만들 수 있다.

　□ 나. 작은 발전이 커다란 성과를 이룰 수 있다.

　□ 다. 주변의 작은 일들을 잘 처리해야 한다.

　□ 라. 작은 일들을 무시면 안된다.

　□ 마. 큰 일부터 처리한다.

　□ 바. 주변의 큰 일에만 집중한다.

4 나비효과의 한계

　제아무리 뛰어난 건축설계사라 해도 공사의 모든 과정을 생각하지 못할 거예요. 하지만 공사과정 중 중요한 핵심사항들은 모두 파악하고 있어요. 바로 중요한 결과를 일으킬 수 있는 작은 잘못이나 작은 부분을 조절하면 전체를 잘 관리할 수 있습니다. 연구결과 사물들 사이에 의존도가 높을수록 나비효과가 발생될 가능성은 더 크답니다.

01 나비효과에 따르면 어떤 일에 관심을 갖고 주의를 해야 하나요?

　(정답을 모두 고르세요)

　□ 가. 큰 착오로 인해 원가가 조금 오를 수 있는 일

　□ 나. 작은 잘못이 상상도 할 수 없는 결과를 일으킨다는 사실

　□ 다. 뜻밖의 돌발사건

　□ 라. 쉽게 성과를 낼 수 있는 일

　□ 마. 작은 부분을 조절하여 전체를 관리하는 일

02 다음 중 어떤 상황에서 나비효과가 쉽게 일어날 수 있을까요?

　　□ 가. 사물들 사이에 의존도를 따지기 어려울때

　　□ 나. 사물들 사이에 의존도가 전혀 없을 때

　　□ 다. 사물들 사이에 의존도가 비교적 낮을 때

　　□ 라. 사물들 사이에 의존도가 비교적 높을 때

03 어떤 일의 세부사항에 대해서 대수롭지 않게 여기는 사람에게는 어떤 결과가 기다리고 있을까요?

　　□ 가. 큰 일을 이루기 어렵다.

　　□ 나. 성공할 수 있다.

　　□ 다. 쉽게 실패하지 않는다.

　　□ 라. 속박 받지 않는다.

5 생각해보기

나는 어떤 점을 개선해야 할지 생각해봅시다.

🄓 : 자투리시간을 활용한다, 매일 운동한다, 예의 바르게 행동한다 등

_____

_____

_____

_____

_____

_____

_____

제 4과 학습 포인트

√ 작은 변화가 큰 결과를 낳는다.

√ 작은 실수는 발견하는 즉시 고쳐야 한다.

√ 세부적인 많은 것들에 관심을 가져야 성공할 수 있다.

√ 중대한 결과를 일으키는 작은 부분을 조절하면 전체를 잘 관리할 수 있다는 사실에 주의해야 한다.

√ 사물들 사이에 의존도가 높을수록 나비효과가 일어날 가능성도 더 커진다.

마태효과
—승자가 모든 것을 차지할 수 있어요

무릇 있는 자는 받아 풍족하게 되고, 없는 자는 그 있는 것까지 빼앗기리라.

－성경 마태복음 25장 29절

1 마태효과란

1968년 미국의 사회학자 로버트 머튼 *Robert K. Merton* 은 다음과 같은 현상을 발견했어요. 어느 한 개인, 단체 또는 지역이 한 분야에서 성공하고 한 단계 발전했다면 그렇지 않은 사람들보다 우세해진다고 해요. 즉 더욱 많은 기회가 주어지고 더욱 큰 성과를 거두어 발전할 수 있다는 것이죠.

예를 들면 일류대학을 졸업한 학생들은 일반대학을 졸업한 학생들과 비교할 때 재능면에서는 차이가 조금밖에 나지 않지만 일류대학원에 입학할 수 있는 가능성이 더 크다고 해요. 그 대학원 과정을 마치고 박사학위를 딴 학생들은 일류대학에서 교수직을 얻어낼 가능성이 더 커요. 그 학생들은 일류대학에서 많은 지원을 받아 연구활동도 더 쉽게 할 수 있고 사회의 주목을 받을 가능성도 더욱 커요. 게다가 연구비 지원도 점점 늘어나고요.

머튼은 이러한 현상을 마태효과 (Matthew Effect)라고 불렀어요. 성서의 마태복음에 실려 있는 '재능에 따라 부탁을 받는다'는 비유에서 이 효과가 왔기 때문입니다. 즉 '무릇 있는 자는 받아 풍족하게 되고 없는 자는 그 있는 것까지 빼앗기리라.'

01 마태효과를 발견한 로버트 머튼은 무엇을 연구했나요?

　□ 가. 과학현상

　□ 나. 천문현상

　□ 다. 경제현상

　□ 라. 사회현상

02 재능의 차이가 거의 없는 일류대학과 일반대학 졸업생의 성과는 어떻게 됐나요?

　□ 가. 차이가 없다.

　□ 나. 하늘과 땅만큼 현저한 차이가 나타났다.

　□ 다. 약간의 차이가 났다.

　□ 라. 비교할 수 없다.

03 마태효과는 우리에게 무엇을 알려주고 있나요?

　□ 가. 성공은 더욱 많은 실패를 부른다.

　□ 나. 종교가 있어야 성공한다.

　□ 다. 성공은 더욱 많은 성공을 부른다.

　□ 라. 성경을 읽어야 성공한다.

04 마태효과는 결국 어떤 현상을 일으키나요?

　□ 가. 강자는 보다 약하게, 약자는 보다 강하게, 부자는 보다 가난하게, 가난한
　　　 자는 보다 부유하게 된다.

　□ 나. 강자는 보다 강하게, 약자는 보다 약하게, 부자는 보다 부유하게, 가난한
　　　 자는 보다 가난하게 된다.

　□ 다. 강자는 보다 약하게, 약자는 보다 강하게, 부자는 보다 부유하게, 가난한
　　　 자는 보다 가난하게 된다.

　□ 라. 강자는 보다 강하게, 약자는 보다 약하게, 부자는 보다 가난하게, 가난한
　　　 자는 보다 부유하게 된다.

05 마태 효과란 말은 성서 마태복음 중의 어떤 비유를 가리키나요?

☐ 가. 선택받아야 한다는 비유

☐ 나. 재능에 따라 부탁을 받는다는 비유

☐ 다. 기다리는 자에게 복이 있다는 비유

☐ 라. 씨 뿌리는 대로 거둔다는 비유

2 마태효과의 예

지난 20년 동안 '강자는 더욱 강해지고, 약자는 더욱 약해지는' 현상이 이미 시장, 교육, 인터넷, 미디어, 컴퓨터, 스포츠, 연예, 학술 등 많은 분야로 퍼졌고 빈부 차이도 날로 커졌어요. 이렇게 승자와 패자 사이에 큰 틈이 생기기 시작했어요.

예를 들면 스타급 운동선수와 연예인들의 수입은 천문학적이지만 유명하지 않은 다른 사람들의 수입과 지위는 너무 낮아요. 세계의 컴퓨터소프트웨어 시장은 소수 몇몇 회사가 독점하다시피 하고, 평범한 그림의 가격은 날로 낮아지는 추세지만 일류 작가의 작품은 수억 원대의 기록을 남겼지요. 이외에도 극소수 베스트셀러작가의 수입은 엄청난 반면 타고난 재능이 있는 많은 작가들은 아직도 가난하게 살고 있어요. 미국의 노벨상 수상자의 49%가 다섯 개 대학에 속하며 미국에서 가장 부유한 1%가 전체 부의 37%를 차지한대요. 대기업 회장의 월급은 보통 직원의 천 배나 된답니다. 즉 소수의 승자는 천문학적 수입을 얻지만 상대적으로 대부분 사람들은 패자로서 수입이 낮음을 말해주고 있어요. 이게 바로 '승자가 모든 것을 차지하는 현상(Winner Take All)'입니다.

01 무엇을 '승자가 모든 것을 차지하는 현상'이라고 하나요?

☐ 가. 대부분의 수확을 소수의 승자가 얻는다.

☐ 나. 대부분의 수확을 다수의 승자가 얻는다.

☐ 다. 일부의 수확을 소수의 승자가 얻는다.

☐ 라. 일부의 수확을 다수의 승자가 얻는다.

02 다음 중 어떤 '언어'가 세계에서 가장 많이 쓰이나요?

☐ 가. 영어

☐ 나. 국어

☐ 다. 프랑스어

☐ 라. 독일어

03 세계 최고의 기업인 제너럴일렉트릭(G.E)의 전 회장 잭 웰치*Jack Welch*는 부임할 당시 왜 많은 분야 중에서 제1, 2위의 분야만 남겨두었나요?

☐ 가. 강자가 시장을 독점하고 약자는 결국 물러나게 된다는 것을 굳게 믿었기 때문에

☐ 나. 빠른 자가 시장을 독점하고 느린 자는 결국 물러나게 된다는 것을 굳게 믿었기 때문에

☐ 다. 작은 자가 시장을 독점하고 큰 자는 결국 물러나게 된다는 것을 굳게 믿었기 때문에

☐ 라. 다수가 시장을 독점하고 소수가 결국 물러나게 된다는 것을 굳게 믿었기 때문에

04 미국의 노벨상 수상자 중 49%는 몇 개 대학에 속하나요?

☐ 가. 3개

☐ 나. 4개

☐ 다. 5개

☐ 라. 6개

05 미국에서 가장 부유한 1%가 차지한 부는 전체 부의 몇 %나 되나요?

  □ 가. 27%

  □ 나. 37%

  □ 다. 47%

  □ 라. 57%

06 다음 중 어떤 '운영 시스템'이 전 세계 컴퓨터시장을 장악하고 있나요?

  □ 가. 마이크로소프트의 윈도우

  □ 나. 애플의 매킨토시

  □ 다. Linux

  □ 라. MS- DOS

3 마태효과의 근거

　심리학자인 조지 A. 밀러*G. A. Miller*는 인간이 한 번에 7가지 이상을 기억하기 힘들다는 연구결과를 발표했습니다. 즉 인간은 자신과 관련된 몇 가지의 세부적인 것밖에 기억하지 못한다고 해요. 우리는 모든 것을 기억할 수 없기 때문이에요. 예를 들면 시간의 한계로 인해 시장의 모든 책, 영화, 소프트웨어, 식품 및 기타 상품을 비교할 수 없어요. 그러므로 우리는 어떤 상품을 살 때 많은 사람들이 사는 것을 찾게 됩니다.

　또 지금의 시장은 전 세계의 상품을 쉽게 접할 수 있으므로 보다 낮은 가격의 상품이 나온다면 높은 가격의 상품은 잘 팔리지 않겠죠. 결국 한 가지 과학기술이 보편적으로 사용되면 더욱 많은 연구자원을 빨아들이게 됩니다. 그러면 과학기술은 더욱 진보하게 되고 좋은 상품을 더욱 많은 소비자들이 구입하여 습관적으로 사용하게 됩니다. 이런 과정을 '지식의 연쇄효과'라고 합니다.

01 심리학자 조지 A. 밀러의 연구에 따르면 우리는 동시에 몇 가지 이상의 일을 기억하기 힘들까요?

□ 가. 4가지 □ 나. 5가지

□ 다. 6가지 □ 라. 7가지

02 다음 중 보통 소비자들이 모든 상품을 비교하는 데 부족한 것은 무엇인가요?
(정답을 모두 고르세요)

□ 가. 인력

□ 나. 물력

□ 다. 재력

□ 라. 시간

□ 마. 지식

□ 바. 기술

03 20세기 초에 피아노를 생산하는 공장은 굉장히 많았지만 현재는 몇 개밖에 남지 않은 이유는 무엇인가요?

□ 가. 피아노를 배우는 사람들이 점점 줄어들었기 때문에

□ 나. 피아노를 생산하는 기술이 점점 사라졌기 때문에

□ 다. 운송원가가 낮아져 최고의 피아노를 싼 값에 세계 각지로 팔 수 있어 경쟁이 더욱 치열해졌기 때문에

□ 라. 제일 좋은 피아노공장이 비교적 좋지 않은 피아노공장을 인수했기 때문에

04 사람들은 복잡한 컴퓨터 소프트웨어를 구입할 때 어떻게 선택하나요?

□ 가. 모든 상품을 모두 시험해본다.

□ 나. 모든 감정보고서를 모두 읽어본다.

□ 다. 모든 소비자들의 의견을 비교해본다.

□ 라. 많은 사람들이 사는 상품을 구입한다.

05 한 권의 책이 베스트셀러가 되려면 가장 안전한 방법은 무엇일까요?

　　□ 가. 베스트셀러작가의 작품을 출판한다.

　　□ 나. 타고난 재질이 있는 신인작가를 물색한다.

　　□ 다. 독자들이 찾는 것을 연구한다.

　　□ 라. 많은 광고를 한다.

06 '지식의 연쇄효과'란 무엇인가요?

　　□ 가. 한 가지 과학기술이 일반화되면 더욱 적은 연구개발 자원을 빨아들이게
　　　　　되며 과학기술은 더욱 진보하여 소비자가 더 많아진다.

　　□ 나. 한 가지 과학기술이 일반화되면 더욱 많은 연구개발 자원을 빨아들이게
　　　　　되며 과학기술은 더욱 진보하여 소비자가 더 적어진다.

　　□ 다. 한 가지 과학기술이 일반화되면 더욱 많은 연구개발 자원을 빨아들이게
　　　　　되며 과학기술은 더욱 진보하여 소비자가 더 많아진다.

　　□ 라. 한 가지 과학기술이 일반화되면 더욱 적은 연구개발 자원을 빨아들이게
　　　　　되며 과학기술은 더욱 진보하여 소비자가 더 많아진다.

4 마태효과의 핵심

　마태효과에서 승자와 패자를 가르는 기준은 '상대적인 기준'입니다. 그들의 서열에 따라 나뉘는 것이지 그들의 사업이나 생산효율로 비교하는 것이 아니에요. 즉, 가장 우수한 인재가 승자라는 말입니다. 예를 들면 올림픽경기에서 100분의 1초의 차이일지라도 금메달리스트는 여러 단체의 후원을 얻지만 은메달리스트는 금세 잊혀지게 됩니다.

01 '상대적인 기준'이란 무엇인가요?

　　□ 가. 한 사람이 사업에서 나타낸 성과

　　□ 나. 한 사람과 다른 사람의 성과에 대한 비교

　　□ 다. 한 사람의 현재와 과거의 성과에 대한 비교

　　□ 라. 한 사람과 다른 사람의 실패에 대한 비교

02 마태효과는 무엇으로 승자와 패자를 결정하나요?

　　□ 가. 한 사람의 성과를 기준

　　□ 나. 모든 사람의 성과를 합한 기준

　　□ 다. 상대적인 기준

　　□ 라. 절대적인 기준

03 승자와 패자는 재능과 성과 면에서 어떠한 차이를 보이나요?

　　□ 가. 극히 작은 차이

　　□ 나. 큰 차이

　　□ 다. 매우 큰 차이

　　□ 라. 차이가 없다

5 마태효과가 주는 교훈

　마태효과가 주는 교훈은 무엇일까요? 어느 한 분야에서 승자가 되려면 반드시 시작부터 기회를 잡아야 하며 그 분야에서 신속하게 선두가 되어야 함을 알려줍니다. 만약 어떤 경쟁이 있는 집단에서 자신의 재능을 발휘하려면 반드시 '우위를 선점하여 힘을 집중'하는 법을 배워야 합니다. 그래야만 성공할 수 있는 분야에 자신의 시간, 에너지, 재능 등을 쏟을 수 있어요. 더불어 창의로운 생각으로 그 분야에서 가장 큰 우위를 차지해야 합니다.

01 한 분야에서 승자가 되려면 어떻게 해야 하나요?

　　□ 가. 어떤 분야에서 시작부터 신속하게 뛰어난 선두주자가 된다.

　　□ 나. 어떤 분야에서 마지막에 선두주자가 된다.

　　□ 다. 어떤 분야에서 중간 정도 위치를 유지한다.

　　□ 라. 운명에 맡긴다.

02 마태효과의 원칙을 자신의 생활, 학습에 어떻게 응용할까요?

_____

_____

_____

 제 5과 학습 포인트

✓ 마태효과는 강자는 더욱 강하게, 약자는 더욱 약하게 한다.

✓ 마태효과는 빈부차이를 더욱 심화시킨다.

✓ '승자가 모든 것을 차지하는 현상'이란 소수의 승자가 대부분의 수확을 차지하는 것을 말한다.

✓ 마태효과의 근거
- 우리는 한 가지 사건의 세부적인 몇 가지밖에 기억하지 못한다.
- 모든 상품을 비교할 수 없다.
- 세계화는 가장 우수한 상품이 생산원가절감을 통해 시장을 독점하게 한다.
- 한 가지 과학기술이 일반화되면 더욱 많은 연구개발 자원을 빨아들이게 되며 과학기술은 더욱 진보하여 소비자가 더 많아진다.

✓ 한 분야에서 성공하려면 시작부터 기회를 잡아야 하고 신속하게 선두가 되어야 한다.

✓ 우리는 성공할 수 있는 분야에 모든 자원을 집중해야 한다.

80/20 법칙

ー80%의 수확은 20%의 노력에서 얻어요

다수는 아주 작은 영향만 일으키지만 반대로 소수는 커다란 영향을 일으켜요.

1 80/20 법칙이란

1897년 이탈리아의 경제학자인 빌프레도 파레토 *Vilfredo Pareto* 는 영국의 부와 소득의 유형을 연구하던 중 소수의 국민이 대부분의 소득을 벌어들인다는 부의 불평등현상을 발견했어요. 우선 국민은 '중요한 소수'와 '중요하지 않은 다수'로 나뉘어요. '중요한 소수'는 인구 중 20%에 불과하지만 전체 부의 80%를 차지해요. 나머지 80%인 '중요하지 않은 다수'는 오히려 전체 부의 20%밖에 차지하지 못한대요. 파레토 자신도 흥분했던 또 다른 발견은 어떤 시대나 어떤 나라를 분석해도 이런 불균형의 패턴이 나타난다는 것이에요. 그 후 그는 사회의 거의 모든 생활영역에서 보편적인 불균형의 관계를 발견했어요. 즉 80%의 결과는 20%의 원인에서 만들어지며 80%의 수확은 20%의 노력에서 얻어진다는 것이에요.

01 80/20 법칙은 언제 발견되었나요?

　□ 가. 20세기 말

　□ 나. 19세기 초

　□ 다. 19세기 말

　□ 라. 20세기 초

02 파레토는 처음 어느 나라 국민의 소득 유형을 연구했나요?

   □ 가. 스페인

   □ 나. 이탈리아

   □ 다. 미국

   □ 라. 영국

03 파레토가 나눈 국민의 유형은 무엇인가요?

   □ 가. '중요하지 않은 다수'와 '중요하지 않은 소수'

   □ 나. '중요한 소수'와 '중요하지 않은 다수'

   □ 다. '중요한 다수'와 '중요하지 않은 소수'

   □ 라. '중요한 소수'와 '중요한 다수'

04 파레토는 이런 불평등의 패턴이 어떤 영역에서 나타난다고 했나요?

   □ 가. 사회의 모든 생활영역

   □ 나. 사회의 모든 전공영역

   □ 다. 과학의 모든 실험영역

   □ 라. 과학의 모든 연구영역

05 80/20 법칙은 우리에게 무엇을 알려주고 있나요? (정답을 모두 고르세요)

   □ 가. 80%의 결과는 20%의 원인에서 이루어진다.

   □ 나. 20%의 결과는 80%의 원인에서 이루어진다.

   □ 다. 80%의 수확은 20%의 노력에서 얻어진다.

   □ 라. 20%의 수확은 80%의 노력에서 얻어진다.

   □ 마. 80%의 산출은 20%의 투입에서 이루어진다.

   □ 바. 20%의 산출은 80%의 투입에서 이루어진다.

2 80/20 법칙의 예

우리의 일상생활 어디서나 80/20 현상을 발견할 수 있어요. 좀 더 세심하게 관찰하면 쉽게 이런 현상들을 발견할 수 있어요.

- 20%의 범죄자가 80%의 범죄를 저지르고

- 20%의 운전자가 전체 교통위반의 80%를 차지하며

- 전체 고객의 20%가 전체 매출액의 80%에 기여하고

- 전체 상품 중 20%의 상품이 80%의 매출액을 차지하며

- 카펫의 20%에는 80%의 마모가 있고

- 집에 있는 옷 중 20%를 80%의 시간동안 입고 다니며

- 20%의 환자가 병원자원의 80%를 소모한다.

01 부와 영향력을 소유한 상류사회의 인물이 될 수 있는 기회의 비율은 얼마나 될까요?

□ 가. 20%

□ 나. 40%

□ 다. 60%

□ 라. 80%

02 전체 기혼자의 20%가 전체 이혼의 80%를 차지하는 이유는 무엇일까요?

□ 가. 이혼한 사람들은 다시 이혼하지 않는다.

□ 나. 결혼한 사람들은 이혼하지 않는다.

□ 다. 이미 결혼한 사람들은 다시 결혼하지 않는다.

□ 라. 재혼하고 또다시 이혼하는 사람들

03 통계에 따르면 영어의 어려운 단어가 일반도서 및 신문, 잡지에 나타나는 비율은 어떠한가요?

☐ 가. 그리 높지 않다.

☐ 나. 매우 낮다.

☐ 다. 매우 높다.

☐ 라. 그리 낮지 않다.

04 짧은 시간 내에 영어를 신속하게 정복하려면 어떻게 해야 할까요?

☐ 가. 자주 사용하는 영어단어를 암기한다.

☐ 나. 모든 영어문법을 외운다.

☐ 다. 영자신문과 책을 읽는다.

☐ 라. 모든 영어단어를 부지런히 외운다.

05 한 책이 갖고 있는 80%의 가치를 가장 빨리 흡수하려면 어떻게 해야 할까요?

☐ 가. 처음부터 끝까지 모두 읽는다.

☐ 나. 마음대로 책 속의 내용을 펼쳐본다.

☐ 다. 책의 핵심을 찾는다.

☐ 라. 책 내용의 20%를 읽는다.

06 만약 10명의 학생이 100권의 책을 읽는다면 어떤 결론을 얻을 수 있을까요?

☐ 가. 한 학생이 평균 10권을 읽는다.

☐ 나. 8명의 학생이 100권의 책을 읽고 나머지 2명은 아무 책도 읽지 않았다.

☐ 다. 5명의 학생이 70권의 책을 읽고 나머지 5명은 30권의 책을 읽었다.

☐ 라. 2명의 학생이 80권의 책을 읽고 나머지 8명은 20권의 책을 읽었다.

3 80/20 법칙의 핵심

'콩 심은 데 콩 나고 팥 심은 데 팥 난다'는 말이 있습니다. 50%의 노력을 투자하면 50%의 결과를 얻는다는 원칙을 표준으로 삼은 것이죠. 따라서 모든 친구는 똑같이 중요한 존재이고 모든 책은 똑같이 중요하며 모든 고객은 똑같이 중요하다고 생각했어요. 하지만 80/20 법칙은 우리에게 무엇을 알려주나요? 만약 우리가 모든 일을 평등하게 처리한다면 '중요한 소수'를 놓친다고 말합니다. 매일 반복하는 일을 보더라도 대부분 중요하지 않은 일이잖아요. 80/20 법칙은 우리에게 이런 불균형의 현상을 발견하고 판에 박힌 생각에서 벗어나야 큰 성과를 낼 수 있다는 점을 알려줍니다.

01 일반적으로 50%의 노력을 들이면 얼마만큼의 결과를 얻는다고 생각하나요?

☐ 가. 30%

☐ 나. 40%

☐ 다. 50%

☐ 라. 60%

02 80/20 법칙은 우리에게 무엇을 놓치지 말라고 말하나요?

☐ 가. 중요하지 않은 다수

☐ 나. 중요하지 않은 소수

☐ 다. 중요한 소수

☐ 라. 중요한 다수

03 우리가 매일 하고 있는 대부분의 일은 어떤 특징이 있나요?

☐ 가. 모두 중요하다.

☐ 나. 모두 중요하지 않다.

☐ 다. 대부분 중요하다.

☐ 라. 대분분 중요하지 않다.

04 다음 중 80/20 법칙의 핵심을 표현할 수 있는 것은 무엇인가요?

（정답을 모두 고르세요）

☐ 가. 모든 기회를 차별하지 말고 똑같이 대해야 한다.

☐ 나. 노력이 필요한 핵심사항을 집중적으로 찾아야 한다.

☐ 다. 무의미한 노력을 줄여 더 많은 기회를 추구한다.

☐ 라. 모든 일을 똑같은 시각으로 대하면 안 된다.

☐ 마. 가치가 비교적 높은 일에는 더욱 많은 노력을 들인다.

☐ 바. 모든 일을 똑같이 열심히 하면 안 된다.

4 80/20 법칙의 응용

많은 사례들은 80/20 법칙에서 설명하는 불균형의 현상이 일상생활에 영향을 끼친다는 것을 말해줍니다. 그러므로 이런 법칙을 적절히 응용하여 더 효율적으로 일하고 더 즐겁게 생활하며 더 쉽게 공부하고 더 많은 휴식시간을 얻어 큰 목표를 달성하고 사회가 발전할 수 있게 해야 합니다.

01 자신이 더 나은 결과를 얻으려면 어떻게 해야 하나요?

☐ 가. 소수의 일에서 탁월함을 추구한다.

☐ 나. 모든 일을 완벽하게 하기 위해 노력한다.

☐ 다. 행운의 여신이 돌봐주기를 기다린다.

☐ 라. 자신의 태도에 대해 만족한다.

02 경영자는 수입을 높이려면 어떻게 80/20 법칙을 응용해야 할까요?

（정답을 모두 고르세요）

☐ 가. 충실한 소수의 단골 고객을 둔다.

☐ 나. 단골 고객의 이익을 특별히 배려한다.

☐ 다. 모든 상품의 질을 개선한다.

☐ 라. 무조건 새로운 고객을 찾는다.

　□마. 모든 서비스 질을 높인다.

　□바. 높은 이윤을 내는 핵심 상품에 모든 힘을 집중한다.

03 시간을 잘 활용하여 좋은 결과를 얻으려면 어떻게 해야 하나요?

　□가. 모든 일의 순서를 배열한다.

　□나. 중요한 일은 짧은 시간에 효율적으로 끝낸다.

　□다. 다른 사람의 도움을 받아 모든 일을 해결한다.

　□라. 시간에 쫓겨 일을 처리한다.

04 80/20 법칙을 응용하여 자신의 강점을 발견하려면 어떻게 해야 할까요?

　□가. 대담하게 어려운 일들을 시험한다.

　□나. 99%의 노력에 1%의 영감을 더한다.

　□다. 쉽게 끝낼 수 있는 일들에 전념한다.

　□라. 자신이 즐겁게 해낼 수 있는 일들에 전념한다.

05 80/20 법칙을 응용하여 시험을 보기 전 복습하려면 어떻게 해야 할까요?

　□가. 시험 볼 내용의 80%를 꼼꼼히 읽는다.

　□나. 80%의 시험문제를 포함한 20%의 시험 내용을 꼼꼼히 읽는다.

　□다. 20%의 시험문제를 포함한 80%의 시험 내용을 꼼꼼히 읽는다.

　□라. 시험 볼 내용의 20%를 꼼꼼히 읽는다.

5 생각해보기

여러분은 어떻게 80/20 법칙을 생활과 학습에 응용할 것인지 생각해보세요.

_____

_____

_____

제 6과 학습 포인트

✓ 80%의 결과는 20%의 원인에서, 80%의 수확은 20%의 노력에서 온다.

✓ '중요한 소수' 를 찾아야 한다.

✓ 80/20 법칙으로 가장 큰 수확을 거둘 수 있다.

✓ 80/20 법칙은 우리 생활의 모든 분야에 영향을 준다.

포지셔닝
─선입견에 사로잡히는 현상

제일 먼저 우리의 머릿속에 들어오는 물건은 쉽게 지울 수 없습니다.

1 포지셔닝이란

심리학자가 두 학생에게 똑같은 문제를 풀게 했습니다. A학생에게는 문제의 앞부분을 정확히 풀게 하고 B학생에게는 문제의 뒷부분을 정확히 풀게 했어요. 그리고 다른 사람에게 두 학생에 대한 평가를 내리게 했어요. 그러자 대부분 사람들은 A학생이 더 총명하다고 인정했어요. 이게 바로 유명한 포지셔닝 *Positioning* 입니다. 즉 제일 먼저 접하는 정보가 만드는 인상은 한 사람에 대한 평가에 가장 중요한 영향을 미칩니다.

01 제일 먼저 우리들의 머릿속에 들어온 물건은 어떤 효과를 일으키나요?

　□가. 쉽게 이해할 수 없다.

　□나. 쉽게 분별할 수 없다.

　□다. 쉽게 지울 수 없다.

　□라. 쉽게 처리할 수 없다.

02 자신을 다른 사람들에게 소개할 때 좋은 인상을 남길 수 있는 것은 무엇인가요?

　□ 가. 우락부락하다

　□ 나. 의심이 많다

　□ 다. 완고하다

　□ 라. 명랑하다

03 다음 중 한 사람에 대한 인상을 형성할 수 있는 특징은 무엇인가요?

　(정답을 모두 고르세요)

　□ 가. 몸매

　□ 나. 옷차림

　□ 다. 표정

　□ 라. 말투

　□ 마. 자세

　□ 바. 외모

04 누군가와 처음 만날 때 우리는 어떠한 인상을 주어야 할까요?

　□ 가. 부정적인 첫 인상

　□ 나. 좋은 첫 인상

　□ 다. 기억하기 싫은 첫 인상

　□ 라. 이상한 첫 인상

2 포지셔닝의 예

심리학자들은 사람이 주관적인 동물이라는 것을 발견했어요. 많은 사람들이 선입견을 가지고 세상을 바라본다고 해요. 다시 말해 먼저 들은 것만 옳다고 생각하는 것이죠. 정보가 넘치는 세상에 사는 우리는 매일 수천수만 개의 새로운 정보를 접해요. 하지만 사람의 두뇌는 모든 정보를 받아들일 만한 능력이 없습니다. 유일한 해결방법은 바로 정보를 받아들이는 방식을 단순하게 만드는 것입니다. 그러므로 사람들의 마음을 움직이려면 마음속에서 처음으로 떠오르게 해야 합니다. 생각해보세요. 세계 최고봉, 미국 제1대 대통령, 세계에서 제일 큰 바다, 신대륙을 제일 처음 발견한 사람 같은 것들은 모두 쉽게 잊지 못합니다. 마찬가지로 마음속에서 승자는 언제나 자기 마음속의 첫 번째 선물, 첫 번째 친구, 첫 번째 데이트, 첫 번째 외국여행 등입니다.

01 사람은 세계를 어떻게 바라보나요?

☐ 가. 다른 사람의 생각대로 바라본다.

☐ 나. 따뜻한 마음으로 바라본다.

☐ 다. 주관적으로 바라본다.

☐ 라. 객관적으로 바라본다.

02 정보가 넘치는 세상에서 사람의 두뇌는 어떤 상황에 부딪치나요?

☐ 가. 모든 정보를 거의 다 받아들인다.

☐ 나. 정보를 조금밖에 받아들이지 못한다.

☐ 다. 보다 많은 새로운 정보를 받아들일 수 있다.

☐ 라. 모든 정보를 완전하게 받아들인다.

03 수천수만 개의 정보를 어떻게 해야 할까요?

☐ 가. 정보를 받아들이는 방식을 단순하게 만든다.

☐ 나. 정보를 내보내는 방식을 단순하게 만든다.

☐ 다. 정보를 연결하는 방식을 단순하게 만든다.

☐ 라. 정보를 재조합하는 방식을 단순하게 만든다.

04 사람들의 마음을 움직이려면 어떻게 해야 하나요?

☐ 가. 겉모양만 바꾸고 내용은 그대로 둔 채 접근한다.

☐ 나. 세심하게 꾸며 다가선다.

☐ 다. 전혀 신경을 쓰지 않고 다가선다.

☐ 라. 상대방을 압도하면서 다가선다.

05 소비자의 마음속에 상품에 대한 인상이 없는 것은 결국 무엇을 의미하나요?

☐ 가. 흥미가 없다.

☐ 나. 필요하지 않다.

☐ 다. 장사가 안 된다.

☐ 라. 도와주는 사람이 없다.

3 포지셔닝이 주는 교훈

각인(Imprinting)이란 태어난 지 얼마 안 되는 동물이 습득한 행동을 영원히 간직하는 것을 말해요. 동물은 태어나자마자 몇 초 동안 어미에 대한 인상을 확실히 새긴다고 해요. 마찬가지로 내가 가진 정보를 상대방에게 각인시키려면 첫 번째로 해야 할 일은 바로 다른 사람들이 차지하지 않은 분야에서 으뜸이 되는 거예요. 학교에서 보면 공부 잘 하는 친구, 운동 잘 하는 친구, 악기를 잘 다루는 친구들이 있는 것처럼 말이죠. 다시 말해 사람들의 생각이 한번 형성되면 두뇌에서 그러한 생각들을 바꾸는 것은 거의 불가능한 일입니다.

01 각인이란 무엇인가요?

☐ 가. 그림을 그린다.

☐ 나. 인상을 확실히 새긴다.

☐ 다. 도표를 그린다.

☐ 라. 외모를 가꾼다.

02 사람들의 머릿속에 가장 효과적으로 인상을 남기려면 어떻게 해야 할까요?

☐ 가. 두 번째로 인식되어야 한다.

☐ 나. 첫 번째로 인식되어야 한다.

☐ 다. 가장 좋은 것으로 인식되어야 한다.

☐ 라. 가장 평범한 것으로 인식되어야 한다.

03 사람들은 보통 새로운 사물에 대해 어떻게 반응하나요?

☐ 가. 반응이 없다.

☐ 나. 흥미를 보인다.

☐ 다. 부정한다.

☐ 라. 매우 경계한다.

04 자신이 가진 정보가 다른 사람에게 확실히 각인되려면 어떻게 해야 하나요?

☐ 가. 두 개의 평범한 분야에서 제1위가 된다.

☐ 나. 두 개의 새로운 분야에서 제1위가 된다.

☐ 다. 하나의 새로운 분야에서 제1위가 된다.

☐ 라. 하나의 오래된 분야에서 제1위가 된다.

05 포지셔닝을 적절하게 설명한 것은 무엇인가요?

☐ 가. 작은 연못에서 한 마리의 꼬리 큰 물고기가 된다.

☐ 나. 큰 연못에서 한 마리의 평범한 물고기가 된다.

☐ 다. 작은 연못에서 꼬리 작은 물고기 무리가 된다.

☐ 라. 큰 연못에서 꼬리가 큰 물고기 무리가 된다.

4 포지셔닝의 응용

모든 사물에는 포지셔닝이 적용됩니다. 개인, 국가, 상품, 회사, 서비스, 스타, 관광단지 등은 모두 포지셔닝이 필요해요. 바로 상대방의 마음속에 남기고 싶은 인상을 찾는 것이 포지셔닝입니다. 마치 한 장의 지도 위에서 가장 적합한 위치를 찾아내는 것처럼 말이죠. 성공적인 포지셔닝 전략은 끈기있게 지속하고 시간이 지나도 처음 상태를 유지하는 전략이에요. 물론 어떤 분야에서 제일 먼저 1위를 차지한다고 모두 성공하는 것은 아니에요. '시기'가 가장 중요한 요소입니다. 인터넷이 발달한 요즘 세상에 아무리 독특한 편지지를 만들었다고 해도 이메일을 따라갈 수는 없는 것처럼 말예요. 따라서 자신의 능력과 자원을 잘 이용하여 상대방의 마음속에 인상을 남겨야 합니다.

01 다음 중 자신의 포지셔닝을 가지고 있는 것은 무엇인가요?

(정답을 모두 고르세요)

☐ 가. 국가

☐ 나. 자동차

☐ 다. 탤런트

☐ 라. 음료수

☐ 마. 운동선수

☐ 바. 호텔

☐ 사. 개인

☐ 아. 학교

02 포지셔닝 전략을 실시하려면 제일 먼저 어떤 문제를 생각해야 할까요?

☐ 가. 제공할 수 있는 자원을 가지고 있는가

☐ 나. 시기가 적절한가

☐ 다. 창의로운 것인가

☐ 라. 어떤 분야의 1위를 차지해야 하는가

03 포지셔닝은 마치 지도 위에서 무엇을 찾는 것과 같나요?

  □ 가. 가장 재미있는 유원지

  □ 나. 가장 적합한 위치

  □ 다. 가장 신기한 지역

  □ 라. 가장 따스한 지방

04 좋은 포지셔닝은 반드시 무엇을 갖춰야 하나요? (정답을 모두 고르세요)

  □ 가. 하늘이 준 행운

  □ 나. 남보다 먼저 하는 행동

  □ 다. 적절한 시기

  □ 라. 풍부한 자원

  □ 마. 장기간의 노력

  □ 바. 자신의 능력

5 생각해보기

나는 상대방의 마음에서 어떤 위치를 차지하길 원하는지 생각해봅시다.

_____

_____

_____

_____

_____

_____

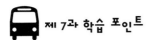

✓ 포지셔닝이란 어떤 물건에 대해서 다른 사람의 마음속에 남기고 싶은 인상을 찾는 것이다.

✓ 제일 먼저 우리의 머릿속에 기억되는 물건이 중요하다.

✓ 선입견을 가지고 세상을 바라보는 것은 인간의 가장 중요한 특징이다.

✓ 정보의 홍수 속에서 정보를 받아들이는 방법은 간단해야 한다.

✓ 사람들의 마음을 감동시키는 가장 좋은 방법은 한 분야에서 1위가 되는 것이다.

✓ 사람들의 생각은 일단 형성되면 바뀌기 매우 어렵다.

✓ 포지셔닝이란 마치 한 장의 지도 위에서 가장 적합한 위치를 찾는 것과 같다.

✓ 좋은 포지셔닝은 반드시 다른 사람보다 먼저 1위가 되는 것이다. 더불어 적절한 시기와 풍부한 자원, 장기간의 노력과 자신의 능력이 합해져야만 성공할 수 있다.

깨진 유리창 이론
— 작은 잘못이 끊임없이 커져요

좋지 않은 현상이나 행동은 모두 주위를 전염시키는 힘을 갖고 있다. 그러므로 이런
현상과 행동은 끊임없이 퍼진다.

1 깨진 유리창 이론이란

어떤 사람이 한 가게의 유리창을 깼어요.
그런데 유리창을 제때에 수리하지 않았다
면 어떻게 될까요? 사람들은 아마 다른 유
리창을 깨도 괜찮을 거라는 암시를 받을지
도 몰라요. 시간이 흐를수록 이런 유리창은
무질서의 한 상징이 되어버리죠. 결과적으
로 이런 혼란스러운 환경과 분위기속에서
범죄사건은 계속 발생하게 됩니다.

01 유리창이 하나 깨졌는데 제때에 수리하지 않으면 결과는 어떻게 될까요?

　□ 가. 더욱 많은 진열장이 깨지게 된다.

　□ 나. 더욱 많은 유리창이 깨지게 된다.

　□ 다. 더욱 많은 커튼이 찢어지게 된다.

　□ 라. 더욱 많은 간판이 깨지게 된다.

02 깨진 유리창이 많을수록 사람들은 어떻게 생각할까요? (정답을 모두 고르세요)

☐ 가. 이미 깨친 유리창을 수리할 사람이 없을 것이다.

☐ 나. 어떤 사람은 깨진 유리창을 수리할 것이다.

☐ 다. 나는 유리를 깬 사람처럼 할 수 없다.

☐ 라. 나도 유리를 깬 사람처럼 해도 괜찮다.

☐ 마. 어차피 잘못된 물건이므로 더 많이 깨져도 괜찮다.

☐ 바. 잘못된 것은 제때에 수리하는 것이 좋다.

☐ 사. 내가 처음 한 일이 아니다.

☐ 아. 다른 사람이 처음 한 일이 아니다.

03 깨진 유리창이 많을수록 어떤 상황이 벌어질까요?

☐ 가. 게을러진다.

☐ 나. 범죄가 늘어난다.

☐ 다. 머리가 나빠진다.

☐ 라. 아부가 많아진다.

04 위 문제와 같은 현상은 무엇 때문에 생길까요?

☐ 가. 이곳에 머무르는 사람이 없기 때문에

☐ 나. 이곳을 좋아하는 사람이 없기 때문에

☐ 다. 이곳을 관리하는 사람이 없기 때문에

☐ 라. 이곳을 떠나기 아쉬워하는 사람이 없기 때문에

05 깨진 유리창 이론은 어떤 교훈을 주나요?

☐ 가. 두 번째로 깨진 유리창을 제때에 수리해야 한다.

☐ 나. 첫 번째로 깨진 유리창을 제때에 수리하지 말아야 한다.

☐ 다. 두 번째로 깨진 유리창을 제때에 수리하지 말아야 한다.

☐ 라. 첫 번째로 깨진 유리창을 제때에 수리해야 한다.

2 뉴욕 지하철에서의 범죄사건

80년대의 뉴욕은 무법천지와 같은 범죄의 도시였어요. 당시 뉴욕 지하철은 혼란 속에 빠져 있었죠. 정처 없이 떠도는 사람들, 불법으로 물건을 파는 장사꾼들, 불량 청소년들, 지저분한 낙서들, 질서를 지키지 않는 고객들과 무임승차하는 사람들로 굉장히 난잡했어요. 경찰들은 지하철 범죄사건을 감소시키기 위해서 깨진 유리창 이론을 응용하기로 했어요. 우선 무임승차 현상을 줄이기 위해 노력했어요. 그들은 중요한 사실을 하나 발견했어요. 대부분의 무임승차자가 바로 지명수배, 범죄 용의자, 불법무기를 가진 자들이었어요. 결국 무임승차를 막기 시작하자 뉴욕 지하철의 범죄사건도 대폭 줄었고 뉴욕의 치안도 훨씬 좋아졌어요. 이와 함께 뉴욕은 미국에서 치안이 가장 좋은 도시 중 하나가 되었답니다.

01 80년대의 뉴욕은 어떤 도시였나요?

　　☐ 가. 어떤 범죄도 생기지 않는 도시

　　☐ 나. 보통 사람들이 살기 좋은 도시

　　☐ 다. 무법천지의 도시

　　☐ 라. 호화롭고 사치스런 생활에 빠진 도시

02 무임승차를 막기 전 뉴욕 지하철에서 자주 생기는 현상은 무엇이었나요?

(정답을 모두 고르세요)

　　☐ 가. 벽에 낙서가 지저분하다.

　　☐ 나. 정처 없이 떠도는 사람들로 복잡하다.

　　☐ 다. 경찰들이 곳곳에서 순찰하고 있다.

　　☐ 라. 고객들이 질서를 지키지 않는다.

　　☐ 마. 무임승차하는 고객들을 곳곳에서 볼 수 있다.

　　☐ 바. 장사꾼들이 불법으로 물건을 팔고 있다.

　　☐ 사. 불량 청소년들이 모여 있다.

　　☐ 아. 친구들이 모여든다.

03 경찰들은 지하철에서 일어나는 범죄사건을 어떻게 방지했나요?

　□ 가. 범죄용의자를 붙잡았다.

　□ 나. 무임승차하는 사람을 단속했다.

　□ 다. 범죄자를 붙잡았다.

　□ 라. 지명 수배범을 붙잡았다.

04 위의 행동은 뉴욕을 어떤 도시로 바꾸었나요?

　□ 가. 미국에서 범죄자가 제일 적은 도시로 만들었다.

　□ 나. 미국에서 경찰이 제일 많은 도시로 만들었다.

　□ 다. 미국에서 치안이 가장 좋은 도시로 만들었다.

　□ 라. 미국에서 경찰이 가장 친절한 도시로 만들었다.

05 깨진 유리창 이론을 응용하면 범죄의 발생을 줄일 수 있는 이유는 무엇인가요?

　□ 가. 작은 변화로 범죄행위가 대폭 늘어난다.

　□ 나. 작은 변화로 범죄행위를 깊이 연구할 수 있다.

　□ 다. 작은 변화로 범죄행위를 크게 발전시킬 수 있다.

　□ 라. 작은 변화로 범죄행위를 크게 바로잡을 수 있다.

3 깨진 유리창 이론이 주는 교훈

　깨진 유리창 이론은 우리에게 한 가지 원리를 알려줍니다. 사람들은 어떤 나쁜 상황을 자신도 모르게 방치하곤 합니다. 이런 현상은 나쁜 상황들을 끊임없이 확대시키죠. 깨진 유리창 이론은 비록 범죄심리학을 바탕으로 문제를 생각하지만 다른 분야에서도 응용할 수 있습니다. 사람들은 결함이 없는 물건이라면 누구나 아끼고 보호하지만 반대로 이미 파손되었거나 쓸모없는 물건은 더 파괴하려고 할 것입니다.

01 한 가지 나쁜 상황을 사람들은 어떻게 받아들이나요?

　□ 가. 동의

　□ 나. 격려

　□ 다. 방치

　□ 라. 찬성

02 나쁜 상황을 그대로 두면 어떤 결과가 나타나나요?

　□ 가. 나쁜 상황을 근본적으로 없앤다.

　□ 나. 나쁜 상황이 끊임없이 커진다.

　□ 다. 나쁜 상황이 소리없이 사라진다.

　□ 라. 나쁜 상황이 개선된다.

03 깨진 유리창 이론은 어떤 학문을 바탕으로 삼고 있나요?

　□ 가. 애정심리학

　□ 나. 도박심리학

　□ 다. 사교심리학

　□ 라. 범죄심리학

04 만약 어떤 사람이 백화점 앞에 심어놓은 꽃을 꺾었다면 어떤 현상이 일어날까요?

　□ 가. 다른 사람들은 왜 그렇게 되었을지 고민한다.

　□ 나. 다른 사람들도 따라하게 된다.

　□ 다. 다른 사람들은 그를 벌할 것이다.

　□ 라. 다른 사람들은 그 자리를 떠날 것이다.

05 깨진 유리창 이론을 통해 무엇을 깨달았나요?

  □ 가. 대중은 강렬한 암시를 주고 어떤 행동을 유도한다.

  □ 나. 심리는 강렬한 암시를 주고 어떤 행동을 유도한다.

  □ 다. 환경은 강렬한 암시를 주고 어떤 행동을 유도한다.

  □ 라. 목표는 강렬한 암시를 주고 어떤 행동을 유도한다.

4 깨진 유리창 이론의 응용

깨진 유리창 이론은 인간의 심리적 특성을 응용한 것입니다. 그러므로 우리는 이 법칙을 자연스럽게 자신의 생활에 적용할 수 있어요. 자신의 인생에서 첫 번째 유리가 깨지는 것과 같은 순간을 절대 무시하면 안 돼요. 빨리 수리하지 않으면 더욱 많은 돌멩이의 세례를 당할 수 있어요. 이외에도 자신의 인생을 더 눈부시게 만들어 자신의 인생이 낭떠러지로 떨어지거나 타락하지 않게 할 수 있어요.

01 버스정류장에서 사람들이 줄을 서서 기다릴 때 버스가 오면 어떻게 될까요?

  □ 가. 서로 밀고 당기면서 버스에 오른다.

  □ 나. 서로 앞을 다투어 버스에 오른다.

  □ 다. 질서 정연하게 버스에 오른다.

  □ 라. 무례하게 끼어든다.

02 수업시간에 잘못한 학생을 제때 벌하거나 빨리 바로잡지 않으면 어떻게 될까요?

  □ 가. 잘못한 행동이 소리 없이 사라진다.

  □ 나. 잘못한 행동이 저도 모르게 개선된다.

  □ 다. 잘못한 행동이 변함없이 그대로다.

  □ 라. 잘못한 행동이 갈수록 심각해진다.

03 환경의 일부인 사람은 다른 사람에게 어떻게 영향을 주어야 할까요?

　□ 가. 내가 먼저 시작한다.

　□ 나. 다른 사람이 먼저 시작할 때까지 기다린다.

　□ 다. 친구가 먼저 시작할 때까지 기다린다.

　□ 라. 선생님이 얘기할 때까지 기다린다.

04 어떤 사람이 공공장소에서 거칠고 야만스럽게 행동하는 것은 무엇과 같나요?

　□ 가. 첫 번째로 고친 창문

　□ 나. 첫 번째로 설치한 창문

　□ 다. 첫 번째로 바꾼 창문

　□ 라. 첫 번째로 깨진 창문

05 나쁜 행동을 하고서도 제때에 고치지 않는다면 어떻게 될까요?

　□ 가. 인생에는 아무 일도 없다.

　□ 나. 인생이 최고조에 이르게 된다.

　□ 다. 인생은 승승장구하게 된다.

　□ 라. 인생이 낭떠러지로 떨어지게 된다.

5 생각해보기

자신의 인생에서 깨진 유리창을 어떻게 수리할 것인지 함께 생각해봐요.

_____

_____

_____

_____

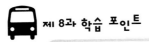 **제 8과 학습 포인트**

✓ 어떤 나쁜 현상이라도 방치하면 다른 사람에게 암시를 줄 수 있다. 따라
서 이러한 나쁜 현상은 끊임없이 퍼진다.

✓ 환경은 강렬한 암시를 주고 어떤 행동을 유도한다.

✓ 첫 번째로 깨진 창문을 반드시 제때에 수리해야 한다.

✓ 인간은 환경의 일부분이다. 그러므로 나의 주변부터 개선해야 한다.

✓ 자신의 인생에서 그 어떤 창문도 경솔하게 깨지 마라.

습관의 법칙

―습관이 평생을 좌우해요

한 가지 좋은 습관이 한 사람의 일생을 성공으로 이끌지만 한 가지 나쁜 습관이 한 사람의 일생을 파멸시킨다.

1 습관의 법칙이란

　기차레일 간격의 표준거리가 얼마인지 아세요? 1.47미터입니다. 이 표준은 어떻게 만들어졌을까요? 바로 철도를 최초로 만든 사람이 정했습니다. 이 표준거리가 바로 기차 양쪽 바퀴 사이의 거리랍니다. 그러면 기차 양쪽 바퀴 사이의 표준거리는 어떻게 정했을까요? 제일 먼저 기차를 만든 사람은 바로 마차를 만들었던 사람이에요. 그래서 기차의 표준은 마차바퀴 사이의 표준거리에서 온 것이에요. 그러면 마차바퀴 사이의 표준거리는 어떻게 정했을까요? 바로 영국의 큰 길에 난 수레바퀴 자국의 너비가 바로 이 거리입니다. 이 길의 수레바퀴 자국의 표준거리는 또 어디에서 왔을까요? 고대 로마인에게서 전해졌습니다. 로마인들은 영국이나 유럽 등에서 그들의 군대를 이동시키기 위해 길을 만들었죠. 그 길의 표준거리는 바로 로마 군용 마차바퀴 사이의 거리입니다. 그러면 로마인들은 왜 이 표준거리를 군용 마차바퀴 사이의 거리로 정했을까요? 바로 한 대의 군용 마차를 끄는 두 마리의 말의 엉덩이 사이의 거리가 바로 이 거리라고 합니다.

　여기가 끝이 아닙니다. 우주왕복선을 쏘아 올리는 데 필요한 연료통에는 로켓추진기가 있습니다. 이 로켓추진기의 너비는 기차레일의 거리보다 조금 넓습니다. 바로 기차로 운송해야 하기 때문이죠.

01 기차레일 사이의 거리가 왜 1.47미터인가요?

　□ 가. 자동차바퀴 사이의 표준거리를 기준으로 했다.

　□ 나. 기차바퀴 사이의 표준거리를 기준으로 했다.

　□ 다. 마차바퀴 사이의 표준거리를 기준으로 했다.

　□ 라. 군용 마차바퀴 사이의 표준거리를 기준으로 했다.

02 마차바퀴 사이의 표준거리는 무엇을 기준으로 정했나요?

　□ 가. 미국의 큰 길에 난 수레바퀴 자국 사이의 너비

　□ 나. 영국의 큰 길에 난 수레바퀴 자국 사이의 너비

　□ 다. 로마의 큰 길에 난 수레바퀴 자국 사이의 너비

　□ 라. 프랑스의 큰 길에 난 수레바퀴 자국 사이의 너비

03 고대 로마인들은 왜 유럽에 큰 길을 만들었나요?

　□ 가. 군대가 기차를 사용할 수 있도록

　□ 나. 군대가 마차를 사용할 수 있도록

　□ 다. 군대가 군용 마차를 사용할 수 있도록

　□ 라. 군대가 경주용 자동차를 사용할 수 있도록

04 군용 마차를 끄는 두 마리 말의 엉덩이 사이의 너비가 무엇을 결정하나요?

　(정답을 모두 고르세요)

　□ 가. 기차의 바퀴 사이 거리

　□ 나. 자동차의 바퀴 사이 거리

　□ 다. 로켓 추진기의 너비

　□ 라. 군용 마차바퀴 사이의 거리

　□ 마. 터널의 폭

　□ 바. 기차레일 사이의 거리

05 로켓추진기의 너비는 약 얼마 전의 결정에 영향 받은 것인가요?

　　□ 가. 500년 전

　　□ 나. 1,000년 전

　　□ 다. 1,500년 전

　　□ 라. 2,000년 전

06 위의 이야기로부터 무엇을 느꼈나요?

　　□ 가. 어떤 습관이든 쌓이면 성공할 수 있다.

　　□ 나. 표준은 바뀌어야 한다.

　　□ 다. 사람들은 한 가지 습관이 생기면 쉽게 고치지 못한다.

　　□ 라. 이미 정한 표준과 관습을 무조건 따라야 한다.

2 원숭이 실험의 예

　원숭이 네 마리를 한 우리에 가두었어요. 그리고 공중에 바나나 한 덩어리를 걸어 놓았어요. 원숭이가 바나나를 향해 손을 뻗으면 원숭이 모두에게 높은 압력의 물총을 쐈어요. 결국 어떤 원숭이도 바나나에 손을 대지 않으려 했죠. 그런 다음 원숭이 한 마리를 바깥에 있던 원숭이와 바꿨어요. 새로 들어온 원숭이가 바나나를 따려 하자 나머지 원숭이들이 함께 그 원숭이를 심하게 때렸어요. 실험자는 이렇게 우리 속의 원숭이를 몇 번 바꿨어요. 원래 있던 원숭이가 모두 새로 들어온 원숭이로 바뀌자 신기하게도 바나나를 따려는 원숭이가 없었어요. 게다가 고압의 물총을 쏘지 않아도 원숭이들은 '바나나를 따면 안 된다'는 관습을 굳게 지킨 것입니다.

01 우리 속의 원숭이 한 마리가 바나나를 따려고 하면 어떤 일이 생기나요?

　　□ 가. 일부 원숭이가 높은 압력의 물총공격을 받는다.

　　□ 나. 모든 원숭이가 높은 압력의 물총공격을 받는다.

　　□ 다. 그 원숭이만 높은 압력의 물총공격을 받는다.

　　□ 라. 어떤 원숭이도 높은 압력의 물총공격을 받지 않는다.

02 새로운 원숭이 한 마리가 우리 속에 들어가서 어떤 행동을 했나요?

    ☐ 가. 다른 원숭이와 싸운다.

    ☐ 나. 다른 원숭이에게 심하게 맞는다.

    ☐ 다. 바나나를 따려고 손을 내민다.

    ☐ 라. 다른 원숭이와 사이좋게 지낸다.

03 우리의 원숭이들이 모두 새로 들어온 원숭이들로 바뀌어도 변하지 않는 것은 무엇인가요?

    ☐ 가. 사이좋게 지내야 한다.

    ☐ 나. 새로 들어온 원숭이를 공격해야 한다.

    ☐ 다. 바나나를 따면 안 된다.

    ☐ 라. 우리 밖으로 탈출해야 한다.

04 위의 실험에서 원숭이들은 무엇 때문에 관습을 굳게 지켰나요?

    ☐ 가. 원숭이는 이젠 바나나를 즐겨 먹지 않는다.

    ☐ 나. 바나나를 따면 받게 되는 벌이 계속 전해졌다.

    ☐ 다. 바나나를 따지 않는 관습이 계속 전해졌다.

    ☐ 라. 원숭이는 이미 바나나를 먹을 줄 모르게 되었다.

3 습관의 법칙이 주는 교훈

우주왕복선이 달나라에서 이륙할 때 에너지를 제일 많이 소모하는 시간이 언제일까요? 달의 인력을 이탈하는 최초 몇 킬로미터에서 에너지를 제일 많이 소모한답니다. 그 범위를 넘어서면 38만여 킬로미터나 되는 긴 여행도 매우 쉽게 할 수 있어요. 또 습관대로 행동하는 것은 매우 쉽지만 습관을 키우는 것은 참 어려운 일이에요. 습관은 마치 한 올의 실이 모이면 굵은 실이 되고 다시 굵은 실이 모여 튼튼한 밧줄이 되어 자신을 휘감는 것처럼 마지막에는 매우 고치기 어려워집니다. 나폴레옹은 '성공과 실패는 모두 당신이 키운 습관에서 온다'고 했어요. 게으르고

산만한 습관과 부지런히 일하는 습관이 한 사람의 인생에 어떤 중대한 영향을 미칠까요? 좋은 습관은 한 사람이 성공할 수 있는 디딤돌이 되지만 나쁜 습관은 계속 걸림돌이 될 수 있습니다.

01 한 가지 습관대로 행동하기란 쉬울까요, 어려울까요?

☐ 가. 쉽다고 할 수 없다.

☐ 나. 절대 쉬운 것이 아니다.

☐ 다. 매우 쉽다.

☐ 라. 그다지 쉽지 않다.

02 습관의 법칙에 따르면 습관이 형성된 후 어떻게 된다고 했나요?

☐ 가. 쉽게 고친다.

☐ 나. 고치기 어렵다.

☐ 다. 아무 때나 고칠 수 있다.

☐ 라. 고칠 수 없다.

03 '성공과 실패는 모두 당신이 키운 습관에서 온다'고 말한 사람은 누구인가요?

☐ 가. 콜롬버스

☐ 나. 나폴레옹

☐ 다. 아인슈타인

☐ 라. 에디슨

04 사람이 매일 하는 행동 중 습관적인 것은 어느 정도일까요?

    □ 가. 아주 조금

    □ 나. 조금

    □ 다. 대부분

    □ 라. 거의 대부분

05 습관은 마치 자기 몸을 휘감은 무엇과 같은가요?

    □ 가. 가는 실

    □ 나. 밧줄

    □ 다. 굵은 실

    □ 라. 철사

06 다음 중 습관의 형성과 영향에 대해 설명한 것은 무엇인가요?

    □ 가. 아무 상관 없다.

    □ 나. 사람은 습관이 없어야만 성공할 수 있다.

    □ 다. 습관이 사람을 키우고 사람은 습관을 없앤다.

    □ 라. 사람이 습관을 만들고 습관이 우리를 지배한다.

07 습관을 어떻게 해야 성공하는 인생을 살 수 있나요?

    □ 가. 좋은 습관을 키운다.

    □ 나. 일부 나쁜 습관을 고친다.

    □ 다. 어떤 습관도 키우지 말아야 한다.

    □ 라. 습관의 노예가 되지 마라.

4 습관의 법칙의 응용

미국의 한 작가가 이런 말을 했어요. '행동의 씨앗을 뿌리면 습관의 열매가 열리고, 습관의 씨앗을 뿌리면 성격의 열매가 열리며, 성격의 씨앗을 뿌리면 운명의 열매가 열린다.' 이처럼 사람의 운명은 각자 소유한 습관으로 결정됩니다. 미국의 한 과학자는 하나의 습관이 이루어지는 데 21일의 시간이 걸리는 것을 발견했어요. 즉 좋은 습관 하나를 키우면 평생을 좌우하는 가치가 될 수 있어요. 반대로 나쁜 습관 하나를 없애려면 좋은 습관 하나를 키우는 데 필요한 시간보다 10배 이상의 에너지가 더 소모된다고 해요. 이런 현상은 대뇌신경학으로 입증할 수 있어요. 습관은 한번 연결되면 끊기 힘든 신경회로와 같습니다.

01 자신의 운명을 바꾸려면 어떻게 해야 하나요?
□ 가. 목표를 바꾼다.
□ 나. 계획을 바꾼다.
□ 다. 꿈을 바꾼다.
□ 라. 습관을 바꾼다.

02 하나의 습관은 며칠 만에 형성되나요?
□ 가. 19일
□ 나. 21일
□ 다. 23일
□ 라. 25일

03 좋은 습관 하나를 키우는 것은 우리 인생의 무엇과 같은가요?
□ 가. 평생을 좌우하는 주인
□ 나. 평생을 좌우하는 부하
□ 다. 평생을 좌우하는 가치
□ 라. 평생을 좌우하는 쇠사슬

04 다음 중 가장 많은 에너지를 소모하는 일은 무엇인가요?

☐ 가. 하나의 습관을 다지는 일

☐ 나. 하나의 습관을 키우는 일

☐ 다. 하나의 습관을 시작하는 일

☐ 라. 하나의 습관을 없애는 일

05 위의 문제는 과학의 어떤 분야에서 증명되었나요?

☐ 가. 대뇌신경학

☐ 나. 대뇌행동학

☐ 다. 대뇌기능학

☐ 라. 대뇌인식학

06 다음 중 좋은 습관은 무엇인가요? (정답을 모두 고르세요)

☐ 가. 늘 지각한다.

☐ 나. 집중하여 생각한다.

☐ 다. 적극적이고 주동적이다.

☐ 라. 한평생 공부한다.

☐ 마. 시간을 아낀다.

☐ 바. 부지런하고 진취적이다.

☐ 사. 감정을 억제하지 못한다.

☐ 아. 상대를 이해한다.

5 생각해보기

여러분은 어떤 습관들을 키울 것인지 생각해보세요.

_____

_____

_____

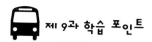 제 9과 학습 포인트

✓ 한 가지 습관을 유지하기란 매우 쉬운 일이다.

✓ 한 가지 습관을 고치기란 매우 어려운 일이다.

✓ 성공과 실패는 모두 자신의 습관에 의해 결정된다.

✓ 우리가 매일 하는 대부분 행동은 모두 습관적으로 이루어진다.

✓ 습관 하나를 키우는 데 21일이 걸린다.

✓ 좋은 습관 하나는 평생을 좌우하는 가치와 같다.

10 | 개구리의 법칙
—느린 변화는 사람들이 전혀 느끼지 못해요

안일한 생활 속에서 위기를 생각할 줄 알아야 한다. 지금 처한 환경에 매우 만족한다면 우리의 미래는 큰 실패를 겪게 된다.

1 개구리의 법칙이란

1890년, 미국의 코넬 대학교 *Conell University* 에서 개구리 실험을 한 적이 있어요. 연구자들이 살아 있는 개구리 한 마리를 펄펄 끓는 물 속에 집어넣자 개구리는 뜨거움에 놀라 뛰어나왔답니다. 반대로 개구리를 미지근한 물 속에 넣고 아주 천천히 가열하면 개구리는 따뜻한 물 속에서 헤엄치며 즐깁니다. 하지만 수온이 조금씩 올라가면 개구리는 점점 허약해집니다. 뭔가 이상한 것을 느낄 때면 이미 개구리는 밖으로 튀어나올 힘을 잃고 그대로 끓는 물속에서 익어버립니다.

01 개구리를 펄펄 끓는 물 속에 집어넣었을 때 왜 바로 튀어나올까요?

　□ 가. 개구리의 반응이 느리기 때문에

　□ 나. 위험하다고 깨달았기 때문에

　□ 다. 끓는 물을 좋아하지 않기 때문에

　□ 라. 끓는 물에 적응하지 못하기 때문에

02 천천히 가열하는 미지근한 물 속에 개구리를 집어넣었을 때 왜 바로 튀어나오지 않았을까요?

☐ 가. 자주 뛰는 것을 좋아하지 않아서

☐ 나. 따뜻한 물 속에서 헤엄치는 것을 좋아하므로

☐ 다. 따뜻한 물 속에서 헤엄치는 데 적응할 수 있으므로

☐ 라. 위험을 느끼지 못하므로

03 수온이 점점 올라가자 개구리는 어떻게 반응했나요?

☐ 가. 물 속에서 왔다갔다 헤엄친다.

☐ 나. 몸이 허약해져서 움직일 수 없게 된다.

☐ 다. 온몸의 힘을 다해 뜨거운 물속에서 튀어나온다.

☐ 라. 온몸이 나른해지고 따뜻한 물을 즐긴다.

04 수온을 점점 올리자 개구리는 결국 어떻게 되었나요?

☐ 가. 물 속에서 죽는다.

☐ 나. 살 곳을 찾아 헤맨다.

☐ 다. 따뜻한 물을 즐긴다.

☐ 라. 가까스로 살아난다.

2 지혜로운 멧돼지의 예

멧돼지 한 마리가 자신의 튀어나온 이빨을 나무에 대고 부지런히 갈고 있었어요. 지나가던 여우 한 마리가 그 모습을 보고 물었어요. "쉬지 않고 왜 그러고 있어? 지금은 사냥꾼도 없고 사냥개도 없는데 말이야!" 멧돼지는 이렇게 말했어요. "사냥꾼과 사냥개가 나타날 때 이빨을 갈면 그땐 이미 늦어."

01 멧돼지는 왜 이빨을 갈았을까요?

☐ 가. 쉽게 사냥물을 잡기 위해

☐ 나. 이빨을 더 멋있게 보이기 위해

☐ 다. 이빨을 더 예리하게 하기 위해

☐ 라. 이빨이 불편해서

02 멧돼지는 왜 놀지 않았을까요?

☐ 가. 여우가 나타날 것을 대비하기 위해

☐ 나. 다른 멧돼지가 나타날 것을 대비하기 위해

☐ 다. 사냥꾼(사냥개)이 나타날 것을 대비하기 위해

☐ 라. 사냥감이 나타날 것을 대비하기 위해

03 이 이야기에서 무엇을 느꼈나요?

☐ 가. 쉴 줄 알고 놀 줄 알아야 한다.

☐ 나. 사냥개와 친구가 되어야 한다.

☐ 다. 나무에 긴 이빨을 예리하게 갈아야 한다.

☐ 라. 평소에 위기감을 갖고 살아야 한다.

3 개구리의 법칙이 주는 교훈

일상생활에서 개구리의 법칙은 언제 어디서나 쉽게 찾아볼 수 있어요. 우리는 끊임없이 변하는 환경에서 현명한 두뇌로 항상 상황을 살피며 새로운 변화에 적응해야 합니다. 오직 세상의 변화를 받아들이는 사람만이 위기상황을 이겨낼 힘을 얻기 때문입니다. 반대로 변화에 적응하지 않고 현재에 만족한다면 개구리처럼 뜨거운 물 속을 튀어나올 힘마저도 잃고 말 거예요.

01 실제로 우리 주변의 변화는 개구리 실험의 어떤 상황과 같은가요?

　　□ 가. 조금씩 가열되는 물의 온도

　　□ 나. 조금씩 냉각되는 물의 온도

　　□ 다. 끊임없이 변화하는 물의 온도

　　□ 라. 그대로 유지되는 물의 온도

02 다음 중 어떤 환경을 경계해야 하나요?

　　□ 가. 무미건조한 환경

　　□ 나. 평화로운 환경

　　□ 다. 위험이 기다리는 환경

　　□ 라. 기뻐하며 만족하는 환경

03 환경변화에 맞서려면 어떻게 해야 하나요?

　　□ 가. 운명을 바꾼다.

　　□ 나. 세계를 변화시킨다.

　　□ 다. 자신을 변화시킨다.

　　□ 라. 상대를 변화시킨다.

04 변화에 적응하지 않고 현재에 만족한다면 우리의 운명은 어떻게 될까요?

　　□ 가. 곧 유명해진다.

　　□ 나. 성공하는 데 시간이 오래 걸린다.

　　□ 다. 두말할 것 없이 실패하여 다시 일어날 수 없게 된다.

　　□ 라. 많은 사람 가운데 뛰어난 인물이 된다.

05 개구리의 법칙을 설명하기에 적절한 것은 무엇인가요? (정답을 모두 고르세요)

□ 가. 건강을 잃다.

□ 나. 직장을 잃다.

□ 다. 재산을 잃다.

□ 라. 가족의 사이가 나빠졌다.

□ 마. 서비스가 나빠졌다.

□ 바. 시험성적이 내려갔다.

4 개구리의 법칙을 피하는 방법

인생은 끝없는 수업과 같습니다. 우리는 한평생 수많은 위기에 부딪히게 됩니다. 개구리의 '따뜻한 물에 대한 반응'과 같은 현상을 피하려면 반드시 편안할 때에도 위험을 잊지 말고 늘 환경 변화에 관심을 가져야 합니다. 세계 최고의 부자 빌 게이츠는 직원들에게 늘 이런 말을 한대요. "18개월 후에 마이크로소프트는 파산합니다." 이처럼 편안할 때에도 위험을 잊지 않는 것이 지혜로운 사람들의 장점입니다. 모든 상황에 위기의식이 있는 사람들이야말로 마음속으로 실제행동을 미리 준비할 수 있어요. 이것은 현재에 만족하지 말고 끊임없이 능력을 쌓아야 하는 것을 말합니다. 그래야만 갑자기 닥쳐오는 변화에 대처할 수 있으며 영원히 승자의 자리를 지킬 수 있습니다.

01 세계 최고의 부자 빌 게이츠는 직원들에게 위기의식을 심어주기 위해 어떤 말을 했나요?

□ 가. 18개월 후에 마이크로소프트는 성공합니다.

□ 나. 18개월 후에 마이크로소프트는 파산합니다.

□ 다. 마이크로소프트는 곧 무너집니다.

□ 라. 마이크로소프트는 곧 파산합니다.

02 인생에서 가장 큰 위기는 무엇일까요?

    □ 가. 미래에 대한 걱정이 있다.

    □ 나. 곧 파산할 지 모른다는 생각이 있다.

    □ 다. 평화의식이 없다.

    □ 라. 모든 상황에 위기의식이 없다.

03 인생에서 어떤 위기에 부딪히게 될까요? (정답을 모두 고르세요)

    □ 가. 교통사고

    □ 나. 실업

    □ 다. 질병의 전염

    □ 라. 가벼운 부상

    □ 마. 사업의 실패

    □ 바. 명예훼손

04 직장을 잃는 경우를 막으려면 어떻게 해야 할까요? (정답을 모두 고르세요)

    □ 가. 세상의 변화에 늘 관심을 가진다.

    □ 나. 자신이 하는 일을 완벽하게 완성한다.

    □ 다. 끊임없이 새로운 기술을 학습하고 자신의 능력을 키운다.

    □ 라. 과감하게 결정하고 적절한 조치를 한다.

    □ 마. 현재에 만족하고 평화로움을 추구한다.

    □ 바. 과거의 방법을 따라 위험하지 않은 일만 한다.

5 생각해보기

여러분은 현재 개구리의 법칙이란 함정에 빠져 있나요? 그렇다면 어떻게 대처하고 피할 것인지 생각해보세요.

_____

_____

_____

_____

_____

_____

_____

_____

 제 10과 학습 포인트

✓ 편안할 때에도 위험을 잊지 않으며 환경에 대해 늘 경계심을 갖는다.

✓ 우리는 한평생 수많은 위기에 부딪히게 된다.

✓ 현재에 만족하고 변화에 안일하게 대처하면 실패하여 다시 일어날 수 없게 된다.

✓ 인생 최대의 위기는 바로 위기의식이 없는 것이다.

✓ 우리는 늘 마음과 실제행동에서 위기를 이겨내기 위한 준비를 해야 한다.

11 | 머피의 법칙
─잘못될 가능성이 있는 것은 어김없이 잘못돼요.

두뇌를 언제나 맑고 깨끗하게 유지하고 충분한 준비를 해서 실수가 없도록 해야 한다.

1 머피의 법칙이란

머피의 법칙은 미국 항공기 엔지니어였던 에드워드 머피 *Edward A. Murphy* 가 1949년 처음으로 사용한 말이에요. 당시 머피는 미국 공군기지에서 실시한 로켓발사 계획에 참여했어요. 그리고 가속에 따른 인간의 한계를 측정하는 일을 했어요. 그가 맡은 일은 바로 16개의 로켓속도계를 피실험자의 각 신체 부위에 장치하는 것이었어요. 나중에 발견한 일이지만 한 기술자가 16개의 속도계를 전부 잘못 장치한 거예요. 당시 현장에 있던 머피는 농담처럼 이런 말을 했다고 합니다. "뭔가 잘못될 일이라면 틀림없이 누군가 그 잘못을 저지르기 마련이다." 그때부터 이 말은 전세계로 퍼져 머피의 법칙(Murphy's Law)이 되었어요. 시간이 지나서 이 말은 '잘못될 가능성이 있는 것은 어김없이 잘못된다(If anything can go wrong it will)'는 의미로 변했어요.

01 머피의 직업은 무엇인가요?

    □ 가. 전기 엔지니어

    □ 나. 항공 엔지니어

    □ 다. 전자 엔지니어

    □ 라. 기계 엔지니어

02 머피는 어떤 일을 하나요?

    □ 가. 인간이 낼 수 있는 속도의 한계를 측정한다.

    □ 나. 로켓이 발사될 때 속도를 측정한다.

    □ 다. 가속에 대한 인간의 한계를 측정한다.

    □ 라. 로켓을 발사할 때 인간의 심리상태를 측정한다.

03 속도계에 어떤 잘못이 있는 것으로 밝혀졌나요?

    □ 가. 모든 속도계가 잘못 설치됐다.

    □ 나. 한 개의 속도계가 잘못 설치됐다.

    □ 다. 몇 개의 속도계가 잘못 설치됐다.

    □ 라. 속도계는 이상 없이 설치됐다.

04 머피의 법칙은 어떤 내용인가요?

    □ 가. 잘못될 가능성이 있는 것은 가끔 잘못될 수 있다.

    □ 나. 잘못될 가능성이 있을수록 잘못되면 안 된다.

    □ 다. 잘못될 가능성이 있는 것은 잘못되지 않는다.

    □ 라. 잘못될 가능성이 있는 것은 어김없이 잘못된다.

05 머피의 법칙은 어떤 가르침을 주나요?

    □ 가. 여러 가지 결점은 누구에게나 있을 수 있는 생활의 일부분이다.

    □ 나. 여러 가지 잘못은 누구에게나 있을 수 있는 생활의 일부분이다.

    □ 다. 여러 가지 계획은 누구에게나 있을 수 있는 생활의 일부분이다.

    □ 라. 여러 가지 목표는 누구에게나 있을 수 있는 생활의 일부분이다.

2 잃어버린 양말

지금 손에 색깔과 모양이 다른 양말 10켤레(20짝)가 있어요. 그런데 그 중 6짝을 잃어버렸어요. 그렇다면 몇 켤레의 양말(2짝이 똑같아야 함)이 남았을까요? 두 짝이 모두 남은 양말은 최악의 경우 4켤레뿐이고, 운이 좋은 경우 7켤레 남는 것이에요. 통계학자들이 각 경우의 비율을 계산한 결과 양말이 7켤레 남을 수 있는 확률은 3/1000, 6켤레가 남을 확률은 13/100, 5켤레가 남을 확률은 52/100, 4켤레가 남을 확률은 347/1000입니다.

01 4켤레의 양말이 남는 경우는 어떤 경우인가요?

☐ 가. 잃어버린 6짝이 3켤레의 양말이다.

☐ 나. 잃어버린 6짝이 4켤레의 양말 중 하나다.

☐ 다. 잃어버린 6짝이 5켤레의 양말 중 하나다.

☐ 라. 잃어버린 6짝이 6켤레의 양말 중 하나다.

02 7켤레의 양말이 남는 경우는 어떤 경우인가요?

☐ 가. 잃어버린 6짝이 3켤레의 양말이다.

☐ 나. 잃어버린 6짝이 4켤레의 양말 중 하나다.

☐ 다. 잃어버린 6짝이 5켤레의 양말 중 하나다.

☐ 라. 잃어버린 6짝이 6켤레의 양말 중 하나다.

03 위의 통계를 보면 가장 나쁜 결과를 얻을 확률은 가장 좋은 결과를 얻을 확률의 대략 몇 배인가요?

☐ 가. 1배

☐ 나. 10배

☐ 다. 100배

☐ 라. 1,000배

04 이 통계를 보고 무엇을 깨달았나요?

☐ 가. 가장 나쁜 일은 가장 좋은 일이 발생할 기회보다 비교적 낮다.

☐ 나. 가장 나쁜 일은 가장 좋은 일이 발생할 기회보다 비교적 높다.

☐ 다. 가장 좋은 일은 가장 나쁜 일이 발생할 기회보다 비교적 높다.

☐ 라. 가장 좋은 일은 가장 나쁜 일이 발생할 기회와 같다.

3 머피의 법칙이 주는 교훈

머피의 법칙은 과학기술이 아무리 발전해도 사고는 반드시 발생한다는 것을 알려줍니다. 누구나 잘못을 저지를 수 있어요. 그러한 잘못이 우리 생활의 일부분이라는 것을 받아들일 줄 알아야 해요. 우리가 절대로 잘못을 저지르지 않는다고 누구도 장담할 수 없는 일이죠. 단지 우리가 할 수 있는 것은 빈틈없이 모든 상황을 고려하여 잘못을 저지르는 비율을 최소화시키는 것뿐입니다. 우리는 겸손하고 예절바르게 주의하는 태도로 살아야 하며 자신의 부족함을 인정할 줄 알아야 합니다. 무궁무진한 우주에 비하면 인간의 지혜는 너무 보잘 것 없습니다. 우리는 세상 모든 이치를 정확하게 이해할 수 없으니까요.

01 다음 중 과학기술이 아무리 발전해도 생길 수 있는 일은 무엇인가요?

(정답을 모두 고르세요)

☐ 가. 발명이 실패한다.

☐ 나. 기계가 고장난다.

☐ 다. 교통사고가 발생한다.

☐ 라. 범죄가 생긴다.

☐ 마. 물건을 잃어버린다.

☐ 바. 컴퓨터가 고장난다.

02 머피의 법칙은 인간의 특성을 무엇이라고 알려주나요?

    □ 가. 잘못을 전혀 저지르지 않는 사람은 존재한다.

    □ 나. 잘못을 전혀 저지르지 않는 사람은 꽤 있다.

    □ 다. 잘못을 전혀 저지르지 않는 사람은 없다.

    □ 라. 잘못을 전혀 저지르지 않는 사람이 있을 수 있다.

03 컴퓨터의 중요한 자료를 보호하려면 어떻게 해야 할까요?

    □ 가. 모든 자료를 책으로 만든다.

    □ 나. 컴퓨터를 금고에 넣어둔다.

    □ 다. 컴퓨터를 쓰지 않는다.

    □ 라. 자료를 복사하여 따로 저장해둔다.

04 인간이 잘못을 저지르고 고생하는 이유는 무엇인가요?

    □ 가. 죄를 짓지 않기 때문에

    □ 나. 쓸데없는 걱정을 하기 때문에

    □ 다. 자신의 부족함을 인정하지 않기 때문에

    □ 라. 독특한 문화를 만들었기 때문에

05 머피의 법칙이 말하는 핵심은 무엇인가요?

    □ 가. 최악의 준비를 하고 최악의 결과를 대비한다.

    □ 나. 최선의 준비를 하고 최선의 결과를 대비한다.

    □ 다. 최선의 준비를 하고 최악의 결과를 대비한다.

    □ 라. 최악의 준비를 하고 최선의 결과를 대비한다.

06 머피의 법칙에 따라 어떻게 계획을 세워야 할까요?

  □ 가. 예상하지 못한 경우의 확률은 없다고 생각한다.

  □ 나. 잘못에 대한 준비와 실수가 나타날 경우 대처하는 방법을 빈틈없이 짠다.

  □ 다. 잘못에 대한 준비와 실수가 나타날 경우 피하는 방법을 빈틈없이 짠다.

  □ 라. 잘못이 나타날 경우의 확률을 예상한다.

4 머피의 법칙을 피하는 법

  잘못은 반드시 생기지만 결코 나쁜 것은 아닙니다. 잘못을 했다면 경험과 교훈을 얻어야 하고 잘못된 원인이 무엇인지 반드시 알아야 합니다. 잘못과 결점을 고치면 꼭 성공할 수 있어요. 잘못을 저지르는 것은 나쁜 일이 아니지만 가장 큰 잘못은 바로 시도해보지 않는 것입니다. 만약 시도해보지 않는다면 성공이나 발전의 기회조차 얻을 수 없습니다. 또 잘못이 치명적이지 않다면 성공하기 위해 언제 방향을 바꿔야 하는지 알려주는 디딤돌이 될 수 있어요.

01 잘못이 나쁜 것이 되지 않으려면 어떻게 해야 하나요? (정답을 모두 고르세요)

  □ 가. 잘못에서 경험을 얻는다.

  □ 나. 잘못을 친구에게 떠넘긴다.

  □ 다. 실패한 원인을 찾는다.

  □ 라. 실패한 핑계를 댄다.

  □ 마. 잘못 속에서 교훈을 배운다.

  □ 바. 잘못 속에서 나쁜 습관을 배운다.

02 무엇이 가장 큰 잘못인가요?

  □ 가. 잘못이 없는 것

  □ 나. 시도해보지 않는 것

  □ 다. 실패하지 않는 것

  □ 라. 학습하는 것

03 성공하려면 어떻게 해야 하나요?

　　□ 가. 목표와 이상을 고친다.

　　□ 나. 잘못과 결점을 고친다.

　　□ 다. 학습과 경험을 없앤다.

　　□ 라. 경험과 교훈을 고친다.

04 잘못을 잘 활용하면 성공을 향한 무엇이 될 수 있나요?

　　□ 가. 목표

　　□ 나. 결점

　　□ 다. 디딤돌

　　□ 라. 걸림돌

5 생각해보기

여러분은 지나간 잘못에서 무엇을 느꼈는지 생각해보세요.

_____

_____

_____

_____

_____

_____

_____

_____

제 11과 학습 포인트

✓ 누구나 잘못을 저지를 수 있으므로 잘못이 생활의 일부분임을 받아
들여야 한다.

✓ 과학기술이 아무리 발달해도 잘못은 발생할 수 있다.

✓ 사람은 반드시 겸손해야 하며 겸손한 마음으로 자연의 이치를 받아
들여야 한다.

✓ 최선의 준비를 하고 최악의 결과를 대비한다.

✓ 잘못을 통해 경험과 교훈을 얻는 동시에 실패한 원인을 알고 그것을
고쳐야 한다. 잘못은 언제나 나쁜 일만은 아니다.

12 | 행렬애벌레 반응
—아무 생각 없이 남을 따라하면 안 돼요

성공한 사람은 남의 발자취를 따르지 않는다.

1 행렬애벌레 반응

프랑스의 과학자 파브르 *Jean Henri Fabre* 가 행렬애벌레의 집단 본능을 실험한 적이 있어요. 그는 애벌레들을 화분의 가장자리에 놓았어요. 그런데 애벌레들은 자기 앞에 있는 애벌레들을 따라서 화분의 가장자리를 돌기 시작했어요. 놀랍게도 애벌레들이 좋아하는 솔잎을 옆에 두어도 솔잎을 먹지 않았어요. 물과 음식을 바로 옆에 두었지만 애벌레들의 모방본능이 너무 강해서 한 마리도 행렬에서 벗어나지 않은 것입니다. 애벌레들은 며칠 동안 화분의 가장자리를 돌다가 모두 기진맥진해서 죽었답니다.

01 애벌레들이 기진맥진해서 죽은 이유는 무엇일까요?

☐ 가. 남을 따라 먹는 습관을 버리지 않았기 때문에

☐ 나. 남을 좋아하는 습관을 버리지 않았기 때문에

☐ 다. 남을 싫어하는 습관을 버리지 않았기 때문에

☐ 라. 남을 따라가는 습관을 버리지 않았기 때문에

02 애벌레들이 죽지 않으려면 어떻게 해야 하나요?

　　□ 가. 화분을 다른 곳으로 옮긴다.

　　□ 나. 빨리 커서 성충이 된다.

　　□ 다. 애벌레들의 행렬을 더욱 크게 만든다.

　　□ 라. 가장 앞에 있는 애벌레가 먹잇감을 찾아 방향을 바꾼다.

03 애벌레들이 목숨을 버리면서 얻은 것은 무엇일까요?

　　□ 가. 어떤 결과도 없다.

　　□ 나. 경험과 지식

　　□ 다. 솔잎을 먹어야 한다.

　　□ 라. 화분의 가장자리를 따라가야 한다.

04 다음 중 애벌레의 습성과 비슷한 동물은 무엇인가요?

　　□ 가. 밤에만 돌아다니는 박쥐떼

　　□ 나. 한 마리만 절벽으로 떨어져도 따라서 모두 떨어지는 양떼들

　　□ 다. 하마가 먹이를 먹은 후 이빨에 낀 찌꺼기를 먹는 하마새

　　□ 라. 태어나자마자 처음 본 동물을 어미로 생각하는 오리

05 이 이야기에서 무엇을 깨달았나요?

　　□ 가. 새로운 길을 피해야 성공할 수 있다.

　　□ 나. 남의 경험과 습관을 따라해야 한다.

　　□ 다. 아무 생각 없이 남을 따라하지 말아야 한다.

　　□ 라. 다른 사람을 이끌 줄 알아야 한다.

2 인간애벌레 반응

인간에게도 애벌레들처럼 강한 집단본능이 있어요. 사회심리학자들은 인간에게서 여러 사람들의 의견을 따르는 심리를 발견했어요. 집단이 개인에게 압력을 주어 그들이 다른 사람들처럼 행동하게 만드는 현상을 말합니다. 또 사회심리학자들은 어떤 의견을 가진 사람의 숫자가 많을수록 모방행위를 할 가능성이 높음을 발견했어요.

누구나 모든 사물을 자세하게 알지는 못해요. 그러므로 자신감이 없거나 잘 모르는 사실은 보통 집단을 따르곤 합니다. 인간의 역사가 증명하듯 '여러 사람들의 의견을 따르는 심리'의 영향으로 집단은 이성적이고 지혜롭지 못한 결정을 내리기 십상입니다. 이로 인해 엄청난 재난이 일어나기도 합니다.

01 여러 사람의 의견을 따르게 하는 중요한 요인은 무엇인가요?

☐ 가. 많은 사람들의 의견

☐ 나. 많은 사람들의 인종

☐ 다. 많은 사람들의 학력

☐ 라. 많은 사람들의 성별

02 집단이 한 사람의 결정에 영향을 주는 이유는 무엇인가요?

(정답을 모두 고르세요)

☐ 가. 남다른 행동은 사회에서 고립되기 쉽다.

☐ 나. 자신의 생각과 행동이 다른 사람과 같아야만 생존할 수 있다.

☐ 다. 집단의 전체적인 지혜를 믿는다.

☐ 라. 집단의 지혜는 보통 자기보다 못하다고 믿는다.

☐ 마. 개인의 지혜를 믿고 모든 일을 결정하면 안 된다.

☐ 바. 다수의 결정은 설득력이 있다.

☐ 사. 많은 사람들의 결정을 따라야만 성공할 수 있다.

☐ 아. 자신의 의견을 지키면 배신자로 찍힐 수 있다.

03 다음 중 여러 사람의 의견을 따르는 원인은 무엇인가요? (정답을 모두 고르세요)

　□ 가. 집단의 리더는 믿음직스럽다.

　□ 나. 집단이 사실의 내용을 잘 안다.

　□ 다. 자신이 결정하려는 사실을 잘 이해하지 못 한다.

　□ 라. 자신의 결정에 대해 자신이 있다.

　□ 마. 자신의 결정에 대해 자신이 없다.

　□ 바. 집단은 비판사고의 소질이 모자란다.

04 여러 사람들의 의견을 따르는 심리는 어떤 결과를 낳기도 하나요?

　□ 가. 걱정

　□ 나. 평화

　□ 다. 가설

　□ 라. 재난

3 행렬애벌레 반응이 주는 교훈

　행렬애벌레 반응은 관습에 따르는 일을 하면 과거의 사고과정과 행동방식이 무의식 중에 습관이 된다고 지적합니다. 흔히 사람들은 이미 얻은 경험과 고유의 사고방식대로 문제를 생각하면서 방향을 바꾸려 하지 않아요. 물론 앞사람의 경험과 방법을 본받으면 문제를 해결하는 과정을 단축시키고 간단히 할 수 있지만 아무 생각 없이 과거의 습관과 경험에만 의지하게 됩니다. 우리는 끊임없이 변화하는 환경에서 살고 있어요. 어떤 문제든 모두 창의적으로 해결해야 합니다.

01 과거의 관습에 따르는 일을 하면 어떤 습관이 생기나요?

　□ 가. 과거의 사고과정과 행동방식을 멀리 한다.

　□ 나. 과거의 사고과정과 행동방식을 개선한다.

　□ 다. 과거의 사고과정과 행동방식을 무의식적으로 따른다.

　□ 라. 과거의 사고과정과 행동방식을 일부만 따른다.

02 앞사람의 경험과 방법을 본받으면 어떤 점이 좋을까요?

☐ 가. 문제해결 과정이 지연되고 복잡해진다.

☐ 나. 문제해결 과정이 단축되지만 복잡해진다.

☐ 다. 문제해결 과정이 지연되지만 단순해진다.

☐ 라. 문제해결 과정이 단축되고 단순해진다.

03 앞사람의 경험과 방법을 본받으면 어떤 점이 해로울까요?

☐ 가. 과거의 경험과 습관을 의심하게 된다.

☐ 나. 과거의 경험과 습관이 점점 없어진다.

☐ 다. 아무 생각 없이 과거의 경험과 습관에 의지한다.

☐ 라. 과거의 경험과 습관을 버리게 된다.

04 뉴턴의 물리법칙을 반박한 사람은 누구인가요?

☐ 가. 레오나르도 다 빈치

☐ 나. 아인슈타인

☐ 다. 갈릴레이

☐ 라. 스티븐 호킹

05 태양이 지구의 주변을 회전한다는 의견을 반박한 과학자는 누구인가요?

☐ 가. 코페르니쿠스

☐ 나. 다윈

☐ 다. 에디슨

☐ 라. 퀴리부인

06 끊임없이 새로운 문제해결법을 모색해야 하는 이유는 무엇인가요?

　　□ 가. 문제가 점점 없어진다.

　　□ 나. 환경이 끊임없이 변한다.

　　□ 다. 환경이 점점 좋아진다.

　　□ 라. 아무 이유 없다.

4 행렬애벌레 반응을 피하는 법

　세상에는 애벌레처럼 늘 다른 사람을 모방하고 남이 가는 길을 따라가는 사람들이 적지 않아요. 그런 사람은 다른 사람의 생각의 지배를 벗어날 수 없어요. 어떤 정보를 접할 때 언제나 의심하는 태도와 비판 사고를 해야 합니다. 그러면서 자신에게 늘 이렇게 물어보세요. '어떤 이유와 근거가 있는가?' 또 창의 사고의 방법을 응용해 새로운 의견을 제시하고 남이 가기 두려워하는 길, 남이 아직 가지 않은 길을 용감하게 가야 합니다. 여러 사람의 의견을 따르는 심리적 속박에서 벗어나야만 발전할 수 있고 더 큰 목표를 이룰 수 있어요.

01 행렬애벌레 반응의 속박에서 벗어나려면 어떤 사고를 해야 하나요?

　(정답을 모두 고르세요)

　　□ 가. 긍정적 사고

　　□ 나. 비판 사고

　　□ 다. 한계돌파 사고

　　□ 라. 시스템 사고

　　□ 마. 창의 사고

　　□ 바. 다각도 사고

　　□ 사. 전술 사고

02 비판 사고의 목적은 무엇인가요?

☐ 가. 전체를 보는 시야를 키운다.

☐ 나. 부분을 보는 시야를 키운다.

☐ 다. 진짜와 가짜, 옳고 그름을 구별한다.

☐ 라. 높고 낮음을 구별한다.

03 비판 사고를 하는 사람들은 늘 무엇을 궁금해야 하나요?

☐ 가. 어떤 이유와 근거가 있는가

☐ 나. 얼마나 많은 사람들이 지지하는가

☐ 다. 어떤 느낌이 있는가

☐ 라. 어떤 특징이 있는가

04 비판 사고를 하는 사람들의 문제해결 태도는 무엇인가요? (정답을 모두 고르세요)

☐ 가. 생각이 깊다.

☐ 나. 생각이 개방적이다.

☐ 다. 편견이 적다.

☐ 라. 자기 의견만 내세운다.

☐ 마. 객관적이고 공정하다.

☐ 바. 사실에 근거하다.

☐ 사. 독특한 인격을 창조하다.

☐ 아. 한번 정하면 고치지 않는다.

05 창의 사고란 무엇일까요?

☐ 가. 경험을 초월하고 관습을 돌파하는 '새롭고 유용한' 사고방법

☐ 나. 경험을 초월하지 못하고 관습에 얽매이는 '새롭고 유용한' 사고방법

☐ 다. 경험을 초월하고 관습을 돌파하는 '새롭고 쓸모없는' 사고방법

☐ 라. 경험을 초월하지 못하고 장애에 무릎꿇는 '쓸모 있고 효과적인' 사고방법

06 창의 사고를 하는 사람들의 문제해결 태도는 무엇인가요? (정답을 모두 고르세요)

□ 가. 전통적인 생각에 도전한다.

□ 나. 실패를 두려워하지 않는다.

□ 다. 앞사람이 가기 두려워하는 길을 대담하게 간다.

□ 라. 모든 일에 표준적인 답을 찾는다.

□ 마. 앞사람이 아직 가지 않은 길을 용감하게 간다.

□ 바. 앞사람이 성공한 방법을 과감하게 바꾸지 못한다.

□ 사. 더 좋은 방법이 있음을 굳게 믿는다.

□ 아. 끊임없이 다양한 방법을 시도해본다.

5 생각해보기

자신에게 있는 사고습관과 문제해결법을 찾아봅시다.

_____

_____

_____

_____

_____

_____

_____

_____

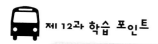

제 12과 학습 포인트

✓ 행렬애벌레 반응이란 어떤 일이든 아무 생각 없이 다른 사람을 따르는 것을 말한다.

✓ 어떠한 의견을 갖고 있는 사람의 숫자가 많을수록 그것을 모방할 가능성이 높다.

✓ 우리는 자신이 없고 잘 알지 못하는 일에 대해서는 집단의 방법을 따르려 한다.

✓ 관습에 따르는 일을 하면 과거의 사고과정과 행동방식이 무의식중에 습관이 된다.

✓ 우리는 '비판 사고'와 '창의 사고'의 방법으로 생각의 한계에서 벗어나야 한다.

13 | 손목시계 법칙
―중요한 일에 집중해야 해요

손목시계가 두 개라면 정확한 시간을 알지 못한다. 서로 다른 시간을 가리켜 오히려
정확한 시간을 알 수 없다.

1 손목시계 법칙이란

심리학자들은 재미있는 현상을 발견했어요. 만약 학생에게 손목시계를 하나 준
다면 시계가 가리키는 시간을 무조건 믿을 거예요. 하지만 손목시계 두 개를 준다
면 그 학생은 어느 시간을 믿어야 할지 망설여요. 두 시
계가 가리키는 시간이 다르기 때문입니다. 학생은 어
느 시계가 가리키는 시간을 믿어야 할까요? 바로 이처
럼 갈등하는 심리를 손목시계 법칙이라고 합니다.

01 시계가 가리키는 시간을 믿지 못하는 상황은 언제일까요?

　□ 가. 손목시계를 하나만 가지고 있을 때

　□ 나. 손목시계를 두 개 가지고 있을 때

　□ 다. 가리키는 시간이 똑같은 손목시계를 가지고 있을 때

　□ 라. 가리키는 시간이 서로 다른 두 개의 시계를 가지고 있을 때

02 손목시계 법칙의 예는 무엇인가요? (정답을 모두 고르세요)

　□ 가. 아버지와 어머니가 서로 다른 교육방식으로 자녀를 가르칠 때

　□ 나. 자신이 흥미를 가지는 두 개의 과목을 동시에 학습할 수 없을 때

□다. 학생들에게 서로 다른 지각기준을 제시할 때

□라. 같은 시간에 해야 할 두 가지 일을 하나만 결정해야 할 때

□마. 하나의 악단에 서로 다른 지휘자가 있을 때

□바. 서점에서 두 권의 참고서를 사야 할 때

03 손목시계 법칙에서 무엇을 느꼈나요?

□가. 각자 의견이 서로 비슷할 때 정확한 결정을 내릴 수 있는 자신감을 잃기 쉽다.

□나. 각자 의견이 서로 다를 때 해결할 방법은 없다.

□다. 각자 의견이 같을 때 정확한 결정을 내릴 수 있는 자신감을 잃기 쉽다.

□라. 각자 의견이 서로 반대될 때 결정을 내리기 쉽다.

2 사냥꾼과 두 마리 토끼

한 사냥꾼이 산에서 토끼 두 마리를 발견했어요. 그는 두 마리 토끼를 다 잡기 위해 쫓기 시작했어요. 그러자 두 마리 토끼가 좌우로 나뉘어 깡충깡충 뛰어갔어요. 사냥꾼은 왼쪽 토끼를 쫓다가 오른쪽 토끼가 생각나 오른쪽으로 쫓아갔어요. 사냥꾼은 결국 양쪽을 갈팡질팡하다가 두 마리 토끼를 다 놓쳐버렸대요. 토끼는 벌써 숲 속으로 자취를 감추어버렸죠.

01 두 마리 토끼는 어떻게 도망쳤나요?

□가. 좌우로 나뉘어 도망쳤다.

□나. 둘이 함께 뭉쳐서 도망쳤다.

□다. 한 마리는 도망치고 한 마리는 숨었다.

□라. 두 마리 모두 숨었다.

02 두 마리 토끼는 어떻게 되었나요?

    □ 가. 숲 속으로 도망쳐 그림자도 보이지 않았다.

    □ 나. 한 마리만 사냥꾼에게 잡혔다.

    □ 다. 두 마리 모두 사냥꾼에게 잡혔다.

    □ 라. 갑자기 사라졌다.

03 사냥꾼이 두 마리 토끼를 모두 놓친 이유는 무엇인가요?

    □ 가. 사냥꾼이 총을 쏘다가 실수했기 때문에

    □ 나. 토끼가 너무 빨리 도망쳤기 때문에

    □ 다. 사냥꾼이 제때에 총을 쏘지 못했기 때문에

    □ 라. 사냥꾼이 갈팡질팡했기 때문에

04 위의 이야기에서 무엇을 깨달았나요?

    □ 가. 가장 중요한 일을 먼저 해야 한다.

    □ 나. 양다리를 걸치는 것이 성공의 길이다.

    □ 다. 일할 때 목표가 변함없어야 한다.

    □ 라. 제일 먼저 총을 쏴야 한다.

3 손목시계 법칙이 주는 교훈

    생활 속에는 손목시계 법칙이 늘 존재합니다. 그러므로 자신의 인생에서 가장 중요한 것이 무엇이고 자신이 원하는 것이 무엇인지 알아야 할 뿐만 아니라 정확한 목표가 있어야 합니다. 그래야만 인생의 갈림길에서 중요한 일을 구분하여 정확한 판단을 내릴 수 있습니다. 또한 자신의 목표를 달성하기 위해 에너지를 집중할 수 있어요. 절대로 두 마리 토끼를 잡을 수 없습니다. 성공은 온 힘을 다해 노력하는 것이기 때문입니다.

01 만약 갖고 싶은 것을 모두 가지려 하면 어떻게 될까요?

　□ 가. 무엇이나 다 얻을 수 있다.

　□ 나. 아무 것도 얻을 수 없다.

　□ 다. 조금밖에 얻지 못한다.

　□ 라. 대부분 얻을 수 있다.

02 인생의 갈림길에서 어떤 결정을 내려야 하나요?

　□ 가. 제일 급한 것은 무엇인가

　□ 나. 제일 싫은 것은 무엇인가

　□ 다. 제일 중요한 것은 무엇인가

　□ 라. 제일 재미있는 것은 무엇인가

03 여가활동을 많이 하고 싶은 사람은 어떤 조건의 직장을 좋아할까요?

　□ 가. 업무성격

　□ 나. 업무시간

　□ 다. 업무환경

　□ 라. 연봉과 복지

04 커서 과학자가 되고 싶은 학생이라면 어떤 행동을 할까요?

　□ 가. 과학잡지를 많이 본다.

　□ 나. 국어공부를 열심히 한다.

　□ 다. 늘 가족과 함께 한다.

　□ 라. 늘 혼자 지낸다.

05 자신의 중요한 목표를 이루기 위해 어떤 것을 투자해야 할까요?

(정답을 모두 고르세요)

☐ 가. 여가활동

☐ 나. 외모

☐ 다. 시간

☐ 라. 노력

☐ 마. 돈

☐ 바. 생명

06 성공한 인생을 위해 어떻게 해야 할까요?

☐ 가. 남을 제압하는 방법으로 자신의 목표를 이룬다.

☐ 나. 힘든 것은 피하고 쉬운 것을 골라하는 방법으로 자신의 목표를 이룬다.

☐ 다. 온 힘을 다해 자신의 한 가지 목표를 이룬다.

☐ 라. 정의롭지 않은 방법으로 자신의 한 가지 목표를 이룬다.

4 손목시계 법칙을 피하는 방법

손목시계 법칙은 사람들을 곤란하게 만듭니다. 하지만 그런 상황의 해답은 손목시계에 있는 것이 아니라 바로 시계를 보는 사람의 마음입니다. 만약 시계를 보는 사람이 한 시계만 믿는다면 두 번째 시계가 눈에 보이지 않겠죠? 바로 문제는 자신이 보고 있는 시계를 믿지 않기 때문에 고민하는 것입니다. 또 손목시계 법칙은 다른 사람의 의견도 귀담아 들을 줄 알아야 한다고 말합니다. 사람마다 각자 자신의 생각이 있습니다. 하지만 다른 사람의 의견에 귀기울이지 않으면 자기 의견만 고집하는 나쁜 습관을 극복하기 어렵습니다. 반대로 아무 생각 없이 다른 사람의 의견만 무작정 따르는 사람은 방향을 잃기 쉽습니다. 정말 지혜로운 사람이라면 먼저 다른 사람의 의견을 듣고 고민을 거쳐 정확한 판단을 내립니다.

01 손목시계 법칙은 진정한 문제가 무엇이라고 말하나요?

☐ 가. 두 손목시계의 정확도

☐ 나. 한 손목시계의 수리상태

☐ 다. 시계를 보는 사람의 시계에 대한 믿음 부족

☐ 라. 두 시계를 선택한 사람

02 위 문제를 어떻게 극복할까요?

☐ 가. 손목시계 하나를 바꾼다.

☐ 나. 손목시계 하나를 더 산다.

☐ 다. 믿음이 가는 시계를 하나 고른다.

☐ 라. 손목시계에 의지하지 않는다.

03 인재를 뽑을 때 좋은 방법은 무엇일까요?

☐ 가. 적합하지 않은 사람은 끊임없이 바꾼다.

☐ 나. 두 사람이 서로 평가한다.

☐ 다. 세 사람이 서로 평가한다.

☐ 라. 믿음이 가는 인재를 한 명 뽑는다.

04 다른 사람의 말에 귀를 기울이지 않으면 어떻게 될까요?

☐ 가. 개방적인 생각을 하게 된다.

☐ 나. 어느 한쪽으로 치우치지 않는다.

☐ 다. 객관적이고 공정해진다.

☐ 라. 자기 의견만 고집한다.

05 무작정 다른 사람의 의견만 듣고 생각하지 않으면 어떻게 될까요?

  □ 가. 방향을 잃고 만다.

  □ 나. 자원을 낭비하게 된다.

  □ 라. 생각이 깊어진다.

  □ 마. 자신만의 생각을 갖게 된다.

06 정확한 판단을 내리는 순서는 무엇인가요?

  □ 가. 먼저 귀담아 듣고 생각하지 않는다.

  □ 나. 먼저 생각하고 나서 귀담아듣는다.

  □ 다. 귀담아 듣지 않고 생각한다.

  □ 라. 먼저 귀담아 듣고 나서 생각한다.

5 생각해보기

자신이 이미 손목시계 법칙의 함정에 빠진 것은 아닌지 생각해보세요. 그렇다면 어떻게 극복할 수 있을까요?

_____

_____

_____

_____

_____

_____

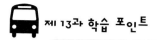제 13과 학습 포인트

✓ 두 개의 손목시계로는 정확한 시간을 알 수 없다.

✓ 자신의 인생에서 가장 중요한 것과 자신이 제일 원하는 것이 무엇인
지 알아야만 정확한 결정을 내릴 수 있다.

✓ 한 가지 일에 완전히 몰입해야만 성공할 수 있다.

✓ 믿음직한 손목시계 하나만 선택해야 문제를 해결할 수 있다.

✓ 먼저 귀를 기울이고 생각한 다음 정확한 판단을 내린다.

14 | 제로섬 게임
—한쪽이 이익이면 한쪽은 손해를 입어요

세상은 넓고 할 일은 많다. 모든 사람이 이익을 얻을 수 있는 일을 해야 한다.

1 제로섬 게임이란

제로섬 Zero-sum 이란 용어는 1940년대 천재 물리학자 폰 노이만 *John von Neumann* 과 경제학자 모르겐슈테른 *Oskar Morgensten* 에 의해 알려졌어요. 그들은 미국의 프린스턴 대학에서 함께 트럼프와 체스 같은 게임으로 이런 법칙을 발견해 냈어요. 그리고 이 개념을 사회 각 분야에 적용했어요. 제로섬 게임이란 바둑, 도박, 축구 경기 등과 같이 한쪽이 이기면 한쪽이 패배하기 마련인 게임에서 한쪽의 이익은 한쪽의 손실이므로 경기에 참가한 사람들의 이익을 모두 합하면 0이라는 것을 말해요.

01 제로섬이라는 용어는 어떤 분야의 학자에 의해 발견되었나요?

(정답을 모두 고르세요)

☐ 가. 물리학자

☐ 나. 사회학자

☐ 다. 수학자

☐ 라. 천문학자

☐ 마. 고고학자

☐ 바. 경제학자

02 제로섬의 개념은 언제부터 알려지기 시작했나요?

☐ 가. 1920년대

☐ 나. 1930년대

☐ 다. 1940년대

☐ 라. 1950년대

03 제로섬을 발견한 학자들은 어떤 게임으로 이 개념을 시험했나요?

☐ 가. 탁구

☐ 나. 농구

☐ 다. 육상

☐ 라. 트럼프

04 그들은 왜 이런 법칙을 제로섬이라고 했을까요?

☐ 가. 게임에 참여한 양쪽의 이익 총합은 0이 아니다.

☐ 나. 게임에서 진 쪽의 득점은 언제나 0이다.

☐ 다. 게임에서 이긴 쪽의 득점은 언제나 0이다.

☐ 라. 게임에 참여한 양쪽의 이익 총합은 영원히 0이다.

05 축구시합에서 그 결과는 일반적으로 어떻게 되나요?

(득점이 같아 무승부인 경우 제외)

☐ 가. 긍정할 수 없다.

☐ 나. 양쪽 모두 승자이다.

☐ 다. 양쪽 모두 패자이다.

☐ 라. 한쪽은 승자, 한쪽은 패자이다.

06 제로섬 게임에서 무엇을 느꼈나요?

□ 가. 양쪽의 이익은 언제나 같다.

□ 나. 한쪽의 이익은 다른 한쪽의 이익이다.

□ 다. 한쪽의 이익은 다른 한쪽의 손실이다.

□ 라. 한쪽의 손실은 다른 한쪽의 손실이다.

2 제로섬 게임의 예

개인과 나라, 직장과 일상생활에 이르기까지 인간은 사회 각 분야에서 제로섬 게임과 비슷한 현상들을 겪습니다. 뿐만 아니라 세상은 하나의 제로섬 게임의 경기장과 같아요. 세상은 약탈로 가득 찬 싸움터와 비슷합니다. 재산, 자원, 갖가지 이득 등은 모두 잔혹한 경쟁을 통해 이루어집니다. 개인, 단체, 국가의 재산증가는 경쟁대상의 소득이 감소됨을 의미해요. 이런 세상이 바로 '약육강식'의 세상입니다. 우리는 모두 이기지 않으면 지고 마는 딱한 처지에 있습니다. 이처럼 한쪽의 이득은 다른 한쪽의 손실입니다.

01 제로섬 게임에서 각자의 목표는 무엇인가요?

□ 가. 모두 지는 것이다.

□ 나. 모두 이기는 것이다.

□ 다. 내가 이기고 상대가 지는 것이다.

□ 라. 내가 지고 상대가 이기는 것이다.

02 다음 중 제로섬 게임의 예는 무엇일까요? (정답을 모두 고르세요)

□ 가. 선거

□ 나. 도박

□ 다. 전쟁

□ 라. 경마

□ 마. 줄다리기

□바. 팔씨름

□사. 학습

□아. 레저

03 만약 천연자원을 대량으로 써버린다면 미래는 어떻게 될까요?

□가. 점점 더 많아진다.

□나. 점점 더 적어진다.

□다. 변하지 않는다.

□라. 판단할 수 없다.

04 도박에서 돈의 흐름은 어떠할까요?

□가. 진 사람의 주머니에서 이긴 사람의 주머니로 들어간다.

□나. 모든 사람의 주머니에 돈이 많아진다.

□다. 모든 사람의 주머니에 돈이 적어진다.

□라. 각자 호주머니 안의 돈은 변하지 않는다.

05 상대를 이겼다고 흐뭇해할 때 상대는 어떨까요?

□가. 아무런 변화가 없다.

□나. 구할 도리가 없다.

□다. 진 것에 풀이 죽었다.

□라. 같이 이겼다고 기뻐한다.

06 제로섬 게임의 개념은 어떤 기초 위에 만들어졌나요?

□가. 자신이 손해보고 남에게 이익을 준다.

□나. 남과 자신의 이익을 도모한다.

□다. 다른 사람의 손해가 나의 이익이다.

□라. 남과 자신에게 모두 손해를 끼친다.

3 제로섬 게임이 주는 교훈

자원이 한정된 상황에서 사람들은 모두 최대한의 이익을 추구합니다. 두 사람 또는 더욱 많은 사람들이 하나의 자원에 눈독을 들일 때 경쟁은 시작됩니다. 제로섬 게임의 결과는 오직 두 가지뿐입니다. 즉 '상대가 이기면 내가 지거나', '상대가 지면 내가 이기는' 것 뿐입니다. 이처럼 어느 쪽의 결과든 한 쪽의 손해로 끝납니다. 만약 인간사회가 너나 할 것 없이 이런 욕심으로 가득 찬다면 세상은 곧 약육강식의 세상이 될 것입니다. 즉 이익의 충돌은 피할 수 없는 과제이며 인류에게 가장 큰 문제입니다.

01 제로섬 게임의 이론을 보면 인류의 역사는 무엇으로 가득 차 있나요?

- ☐ 가. 의심
- ☐ 나. 질투
- ☐ 다. 경쟁
- ☐ 라. 협력

02 사회적 자원이 한정된 상황에서 사람들은 어떻게 행동하나요?

- ☐ 가. 가능한 한 이익을 분배하려고 한다.
- ☐ 나. 가능한 한 이익을 줄이려고 한다.
- ☐ 다. 가능한 한 최소의 이익을 추구한다.
- ☐ 라. 가능한 한 최대의 이익을 추구한다.

03 위 문제의 결과로 볼 때 우리 사회는 어떤 세상으로 변하게 될까요?

- ☐ 가. 서로 보호하고 위급한 상황에선 서로 협조하여 대처한다.
- ☐ 나. 약육강식의 세상
- ☐ 다. 능력이 없는 사람들이 모여 머릿수만 채운다.
- ☐ 라. 서로 돕고 서로 사랑한다.

04 다음 중 인류의 가장 큰 문제는 무엇인가요?

☐ 가. 이익의 충돌

☐ 나. 인재들의 경쟁

☐ 다. 자원의 풍족

☐ 라. 영토의 확장

05 자신의 이익만 챙기는 사람은 어떤 결과를 가져올까요?

☐ 가. 다른 사람의 보복을 받는다.

☐ 나. 다른 사람이 모방한다.

☐ 다. 다른 사람이 동행한다.

☐ 라. 다른 사람이 학습한다.

06 다음 중 제로섬 게임이 가져다주는 사회적 결과는 무엇인가요?

(정답을 모두 고르세요)

☐ 가. 사회가 더욱 따뜻해진다.

☐ 나. 각종 경쟁이 더 치열해진다.

☐ 다. 끊임없이 전쟁이 생긴다.

☐ 라. 인간 사이에 거리가 생긴다.

☐ 마. 빈부의 차이가 커진다.

☐ 바. 인구가 많이 늘어난다.

4 제로섬 게임을 피하는 방법

세상의 많은 부분에 제로섬 게임이 적용됩니다. 하지만 어디까지나 많은 현상들 중 하나일 뿐입니다. '내가 이기면 상대방이 진다'는 단순히 대항적(對抗的) 관계는 인간의 행동 중 많은 면을 대표할 수 없어요. 사람들은 남에게 손해를 끼치면서 자신의 이익만을 추구하면 안 되는 것을 인식하기 시작했습니다. 공평하고 효과적인 협동전략을 선택하면 양쪽이 모두 더욱 많은 이익을 얻을 수 있습니다. '제로섬'을 벗어나 '더불어 살기' 위해서는 양쪽이 모두 진심으로 협력하려는 마음이 있어야 합니다. 또 공짜를 바라지 말고 협동규칙을 정의롭게 지켜야만 더불어 살 수 있습니다.

01 '더불어 살기'란 무엇일까요?

☐ 가. 양쪽이 때론 더 많이 얻을 수 있다.

☐ 나. 양쪽이 모두 더 많이 얻을 수 있다.

☐ 다. 한쪽이 때론 더 많이 얻을 수 있다.

☐ 라. 양쪽 모두 더 많이 얻지 못했다.

02 사장과 직원은 어떻게 더불어 살 수 있을까요?

☐ 가. 사장의 주머니에서 더욱 많은 돈을 꺼내 직원에게 준다.

☐ 나. 직원의 업무시간을 줄이고 더욱 높은 임금을 준다.

☐ 다. 총 수입이 늘어나면 고용주와 직원은 모두 더 큰 이익을 얻게 된다.

☐ 라. 업무량과 요구사항을 점점 늘린다.

03 가라앉는 배에서 더불어 살 수 있는 방법은 무엇인가요?

☐ 가. 힘을 합쳐 배의 구멍을 막는다.

☐ 나. 가만히 앉아 구조를 기다린다.

☐ 다. 모두 같이 바다로 뛰어든다.

☐ 라. 무거운 사람을 바다에 던져 배를 가볍게 한다.

04 더불어 사는 것이 케이크를 자르는 것과 같다면 무엇이 좋을까요?

☐ 가. 케이크를 크게 만들어 누구나 더 많이 가질 수 있다.

☐ 나. 경쟁을 줄이고 약육강식을 피할 수 있다.

☐ 다. 모든 사람들이 케이크를 똑같게 분배받을 수 있다.

☐ 라. 모든 사람들이 크기가 다른 케이크를 받을 수 있다.

05 이기적인 자세를 벗어나 오랫동안 더불어 살려면 어떻게 해야 할까요?

(정답을 모두 고르세요)

☐ 가. 모든 행동을 자기 중심으로 한다.

☐ 나. 부당한 이익만 추구한다.

☐ 다. 마음에서 우러나는 협동을 한다.

☐ 라. 다른 사람을 중심으로 생각한다.

☐ 마. 다른 사람을 돕는 것이 나를 돕는 것이라고 생각한다.

☐ 바. 협동의 규칙을 잘 지킨다.

☐ 사. 공평하고 효과적인 협동전략을 세운다.

☐ 아. 무조건 희생정신이 있어야 한다.

5 생각해보기

스스로 다른 사람과 어떻게 더불어 살 수 있을지 생각해보세요.

_____

_____

_____

_____

_____

_____

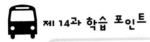

제 14과 학습 포인트

✓ 제로섬 게임이란 한쪽의 이익이 다른 한쪽의 손실에서 오는 게임의
  규칙이다.

✓ 제로섬 게임에서 양쪽 이익의 총합은 영원히 0이다.

✓ 이기지 않으면 지는 현상은 사회 각 분야에 보편적으로 존재한다.

✓ 제로섬 게임 현상이 많아지면 약육강식이 세상을 지배하고 인간의
  이익충돌로 이어진다.

✓ 더불어 사는 것이 양쪽에게 더욱 많은 것을 나눠줄 수 있다.

✓ 오랫동안 더불어 살려면 꼭 공평하고 효과적인 협동전략, 다른 사람
  과 자신의 이익을 모두 중요하게 생각하는 태도를 갖추어야 한다.

15 | 책임감 분산 효과
─1 더하기 1은 2가 아니래요

한 사람일 때는 일을 적당히 넘어가려 하고, 두 사람일 때는 서로 책임을 미루며, 세 사람일 때는 일을 마칠 수 없을 것이다.

1 책임감 분산 효과란

1920년, 독일의 심리학자들이 줄다리기로 책임감 분산에 대한 실험을 했어요. 참가자들에게 힘껏 줄을 당기게 하고 서로 당기는 힘을 측정했습니다. 1명이 당길 때와 3명, 8명이 당길 때를 각각 측정했죠. 그런데 1명씩 당길 때 한 사람의 힘을 100이라고 할 때, 양쪽에서 3명이 당길 때 한 사람의 힘은 85, 8명이 당길 때 한 사람의 힘은 49였습니다. 실험결과처럼 여러 사람이 힘을 합칠 때 사람은 혼자 하는 만큼의 에너지를 쓰지 않았습니다. 이로 인해 집단은 더욱 큰 에너지를 발휘하지 못하지요.

01 줄다리기 실험에서 줄을 당기는 힘이 언제 가장 큰가요?

　□ 가. 1명

　□ 나. 3명

　□ 다. 8명

　□ 라. 차이가 없다.

02 8명이 줄을 당길 때 한 사람당 힘은 혼자 당길 때의 몇 배인가요?

　□ 가. 1/4

　□ 나. 1/3

　□ 다. 1/2

　□ 라. 2/3

03 줄다리기 실험에서 무엇을 알 수 있나요?

　□ 가. 온힘을 쓴 사람이 없다.

　□ 나. 모든 사람이 온힘을 다 했다.

　□ 다. 모든 사람이 온힘을 다하지 않았다.

　□ 라. 일부 사람은 온힘을 다하지 않았다.

04 구성원의 힘쓰는 정도와 사람의 수는 어떤 관계가 있나요?

　□ 가. 사람이 적을수록 힘을 다하지 않는다.

　□ 나. 사람이 많을수록 힘을 다하지 않는다.

　□ 다. 사람이 많을수록 힘을 다한다.

　□ 라. 둘 사이에는 별 상관이 없다.

05 책임감 분산 효과에서 무엇을 배울 수 있나요?

　□ 가. 개인은 집단 속에서 힘을 전혀 쓰지 않는다.

　□ 나. 개인은 집단 속에서 비교적 힘을 다한다.

　□ 다. 개인은 집단 속에서 힘을 다한다.

　□ 라. 개인은 집단 속에서 힘을 다하지 않는다.

2 방관자 효과

　　1964년 3월, 미국 뉴욕에서 전국을 놀라게 한 살인사건이 일어났어요. 새벽 3시쯤 한 젊은 여성이 집으로 가고 있었어요. 그런데 한 살인자가 그녀를 쫓았고 그녀는 30분 동안 주변에 도와달라고 소리 질렀어요. 결국 그녀는 죽었지만 더욱 놀라운 것은 주위에서 봤거나 비명을 들은 38명 중 누구도 도와주지 않았고 경찰에 신고조차 하지 않았다는 사실입니다. 많은 사람들이 이 사건을 보고 어떤 반응도 보이지 않은 사람들을 질책했습니다. 이후 심리학자들은 이를 둘러싸고 비슷한 실험을 했습니다. 결과는 역시 긴급한 상황에서 사람이 많으면 많을수록 행동을 취하는 사람의 비율이 더 낮았습니다. 심리학자들은 이 현상을 보고 방관자들이 서로 책임을 미루고 다른 방관자들의 반응을 관찰하기 때문에 우유부단하거나 행동을 취하지 않은 것이라고 설명했습니다.

01 위의 살인사건이 미국 전역을 놀라게 한 이유는 무엇인가요?

　(정답을 모두 고르세요)

　　☐ 가. 주변에 있던 38명 중 오직 몇 사람만 피해자를 도왔다.

　　☐ 나. 주변에 있던 38명 중 한 사람도 돕지 않았다.

　　☐ 다. 주변에 있던 38명 중 오직 한 사람만 나서서 도왔다.

　　☐ 라. 주변에 있던 38명 중 누구도 즉시 경찰에 신고하지 않았다.

　　☐ 마. 주변에 있던 38명 중 오직 한 사람만이 즉시 경찰에 신고했다.

　　☐ 바. 주변에 있던 38명 중 오직 몇 사람만이 즉시 경찰에 신고했다.

02 위의 살인사건에 대한 사람들의 반응은 어떠했나요?

　　☐ 가. 뉴욕 시민들의 자비심을 한결같이 질책했다.

　　☐ 나. 뉴욕 시민들의 봉사정신을 한결같이 질책했다.

　　☐ 다. 뉴욕 시민들의 종교정신을 한결같이 질책했다.

　　☐ 라. 뉴욕 시민들의 무관심을 한결같이 질책했다.

03 심리학자들은 일이 벌어진 후 무엇을 했나요?

☐ 가. 당시 현장에 있던 사람들에게 설문조사를 했다.

☐ 나. 반대 상황의 실험을 했다.

☐ 다. 상황이 서로 다른 실험을 했다.

☐ 라. 상황이 같은 실험을 했다.

04 위의 문제에서 심리학자들은 어떤 현상을 발견했나요?

☐ 가. 방관자가 많든 적든 행동을 취하는 사람의 비율은 변하지 않는다.

☐ 나. 방관자가 많을수록 행동을 취하는 사람의 비율은 더욱 낮다.

☐ 다. 방관자가 많을수록 행동을 취하는 사람의 비율은 더욱 높다.

☐ 라. 방관자가 적을수록 행동을 취하는 사람의 비율은 더욱 낮다.

05 심리학자들은 이 문제를 어떻게 해석했나요?

☐ 가. 방관자들은 모두 다른 방관자들의 반응에 관심이 없기 때문에 우유부단하거나 행동을 취하지 않았다.

☐ 나. 방관자들은 모두 다른 방관자들과 의논했기에 우유부단하거나 행동을 취하지 않았다.

☐ 다. 방관자들은 모두 다른 방관자들의 반응을 관찰하기 때문에 우유부단하거나 행동을 취하지 않았다.

☐ 라. 방관자들은 모두 다른 방관자들의 반응을 좋아했기 때문에 우유부단하거나 행동을 취하지 않았다.

3 책임감 분산 효과가 주는 교훈

이 효과를 통해 사람과 사람의 협동은 간단히 힘을 더하는 것만이 아니라 매우 복잡하고도 미묘한 관계가 생길 수 있음을 알아야 합니다. 사람들의 협동은 서로 온힘을 다해 노력할 때에만 큰 성과를 거둘 수 있으며, 책임을 미룰 때에는 아무 일도 할 수 없습니다. 많은 사람들은 협동할 때 책임을 나누고, 결국 개인의 책임은 상대적으로 작아집니다. 더구나 개인의 노력은 가늠하기가 어렵고 집단에 도움이 되지 않을 거라고 생각하기 때문에 에너지를 몰입하지 않는 현상이 나타납니다.

01 만약 1명의 능력을 1이라 하면 5명이 협동한 결과는 어떠할까요?

☐ 가. 5보다 크다.

☐ 나. 5보다 작다.

☐ 다. 5와 같다.

☐ 라. 판단할 수 없다.

02 만약 집단 구성원들이 서로 도우려는 마음으로 협동한다면 결과는 어떠할까요?

☐ 가. 작은 노력으로 큰 성과를 거둘 수 있다.

☐ 나. 많은 노력을 들이고도 성과는 적다.

☐ 다. 아무 일도 이루지 못한다.

☐ 라. 한 사람이 앞장서니 모든 사람이 뒤를 따른다.

03 협동해야 하는 구성원들이 서로 책임을 미룰 때 결과는 어떠할까요?

☐ 가. 작은 노력으로 큰 성과를 거둘 수 있다.

☐ 나. 한 사람이 행동하는 것보다 성과가 크다.

☐ 다. 아무 일도 이루지 못한다.

☐ 라. 한 사람이 앞장서니 모든 사람이 뒤를 따른다.

04 많은 사람들이 한 가지 일을 책임질 때 각자의 책임은 어떠할까요?

☐ 가. 상대적으로 커진다.

☐ 나. 상대적으로 작아진다.

☐ 다. 같아진다.

☐ 라. 판단할 수 없다.

05 많은 사람들이 협동할 때 힘을 다하지 않은 이유는 무엇일까요?

(정답을 모두 고르세요)

□ 가. 집단을 위해 노력할 필요가 없다고 느낀다.

□ 나. 개인의 노력은 가늠하기 어렵다.

□ 다. 다른 사람도 힘을 다하지 않았다고 생각한다.

□ 라. 집단의 결과는 개인에게 매우 적은 부분이 돌아간다.

□ 마. 공동의 노력은 낭비다.

□ 바. 개인의 노력은 집단의 관점에서 아주 보잘것없는 것이다.

4 책임감 분산 효과를 피하는 법

사람들 사이의 협동은 책임이 분명하지 않기 때문에 책임감 분산 효과가 일어나는 것입니다. 정확하게 일을 나누면 누가 대충 일을 마무리 했는지, 누가 책임을 회피했는지 쉽게 찾을 수 있습니다. 그러기 위해서는 각자 재능을 발휘할 수 있는 위치에 배치하고 격려제도를 통해 그들의 노력에 보답해야 합니다. 그렇다면 협동이 성공할 수 있는 디딤돌은 무엇일까요? 바로 아름다운 미래와 명확한 개인의 목표입니다. 사람은 사회적인 동물입니다. 집단이 구성원에게 소속감을 가질 수 있게 한다면 구성원들은 훌륭하게 임무를 완성하고 협동의 즐거움을 맛보게 됩니다. 결국 또 하나의 도전을 극복하게 되지요.

01 책임감 분산 효과가 일어나는 원인은 무엇일까요?

□ 가. 의사소통이 잘 안 된다.

□ 나. 일이 부족하다.

□ 다. 책임이 분명하지 않다.

□ 라. 성과가 없다.

02 위 문제의 결과는 어떤 문제를 일으키나요?

　□ 가. 모든 일을 성공시킬 수 있다.

　□ 나. 누구의 지혜가 뛰어난지 알 수 없다.

　□ 다. 누구의 성과가 모자라는지 알 수 없다.

　□ 라. 누가 힘을 다하지 않았는지 알 수 없다.

03 다음 중 뛰어난 집단을 만들 수 있는 요인은 무엇인가요?

（정답을 모두 고르세요）

　□ 가. 책임을 회피하는 문화

　□ 나. 대충 일하는 분위기

　□ 다. 집단의 아름다운 미래

　□ 라. 개인의 명확한 목표

　□ 마. 남을 질투하는 것을 묵인하는 집단

　□ 바. 격려금을 개인의 요구에 맞춘다.

　□ 사. 집단에 대한 바람직한 소속감

04 뛰어난 집단은 어떠한 결과를 얻을까요? (정답을 모두 고르세요)

　□ 가. 협동의 즐거움을 맛본다.

　□ 나. 서로 질책이 더 심해진다.

　□ 다. 힘을 합쳐 임무를 완성한다.

　□ 라. 집단의 적극성이 낮아진다.

　□ 마. 집단에 대한 구성원의 불만이 커진다.

　□ 바. 많은 도전을 극복한다.

5 생각해보기

여러분은 책임감 분산 효과를 어떻게 없애고 다른 사람과 협동할 것인지 생각해 보세요.

_____

_____

_____

_____

_____

_____

_____

 제 15과 **학습 포인트**

> ✓ 집단에서 개인은 최선을 다하지 않는다.
>
> ✓ 방관자가 많을수록 행동을 취하는 사람은 더욱 적어진다.
>
> ✓ 인간의 협동은 매우 복잡하고 미묘한 것이다.
>
> ✓ 책임감 분산 효과를 피하는 방법
>
>   – 개인의 책임을 분명히 한다.
>
>   – 집단의 아름다운 미래를 정한다.
>
>   – 명확한 개인 목표를 정한다.
>
>   – 개인의 결과를 격려한다.

16 | 경쟁의 법칙
— 경쟁 속에서 발전해요

한 동물에게 적수가 없다면
한 사람에게 만약 상대가 없다는 평범하게 살 것이다.

1 경쟁의 법칙이란

일본 홋카이도에는 맛좋은 뱀장어가 많이 살고 있답니다. 어민들은 대부분 뱀장어를 내다팔아 살고 있지요. 하지만 뱀장어에게는 한 가지 단점이 있습니다. 깊은 바다에서만 살 뿐만 아니라 매우 연약해서 잡은 후 곧 죽어버려요. 그런데 한 늙은 어부가 잡은 뱀장어만은 항상 항구로 돌아올 때까지 살아 있었습니다. 냉동 뱀장어보다 싱싱한 뱀장어의 가격이 훨씬 높았기 때문에 노인은 부자가 되었답니다. 노인이 잡은 뱀장어는 왜 죽지 않았을까요? 그 이유는 바로 뱀장어들 사이에 창꼬치 몇 마리를 넣어둔 것입니다. 창꼬치는 뱀장어의 천적이기 때문에 뱀장어는 본능적으로 살아남기 위해 발버둥을 치게 됩니다. 자연스럽게 경쟁의식이 생겨 살아남을 수 있었답니다.

01 뱀장어는 어떤 특성이 있나요?

　　□ 가. 잡히면 얼마 후 실종된다.

　　□ 나. 잡히면 얼마 후 죽어버린다.

　　□ 다. 잡힌 후에도 계속 살아 있다.

　　□ 라. 잡힌 후 기절한다.

02 노인은 왜 뱀장어를 살리기 위해 노력했나요?

☐ 가. 싱싱한 뱀장어는 냉동 뱀장어보다 반짝이는 빛을 띤다.

☐ 나. 싱싱한 뱀장어는 냉동 뱀장어보다 가격이 더 높다.

☐ 다. 싱싱한 뱀장어는 냉동 뱀장어보다 맛이 더 좋다.

☐ 라. 싱싱한 뱀장어는 냉동 뱀장어보다 더 고객들의 환영을 받았다.

03 노인은 뱀장어를 살리기 위해 어떤 방법을 사용했나요?

☐ 가. 뱀장어 한 마리를 창꼬치 무리에 두었다.

☐ 나. 창꼬치 한 마리를 뱀장어 무리에 두었다.

☐ 다. 뱀장어 몇 마리를 창꼬치 무리에 두었다.

☐ 라. 창꼬치 몇 마리를 뱀장어 무리에 두었다.

04 뱀장어와 창꼬치는 어떤 사이인가요?

☐ 가. 공생관계

☐ 나. 천적관계

☐ 다. 사촌관계

☐ 라. 아무 사이도 아니다.

05 창꼬치가 뱀장어를 계속 살아 있게 한 방법은 무엇인가요?

☐ 가. 뱀장어의 잠수 본능을 불러일으켰다.

☐ 나. 뱀장어의 협동 본능을 불러일으켰다.

☐ 다. 뱀장어의 경쟁 본능을 불러일으켰다.

☐ 라. 뱀장어의 회귀 본능을 불러일으켰다.

06 뱀장어의 이야기에서 무엇을 느꼈나요?

☐ 가. 인생의 적수는 뜻밖에 나를 놀라게 할 수 있다.

☐ 나. 인생에 적수가 없으면 재미없을 것이다.

□다. 인생에 적수가 없으면 평화롭다.

□라. 인생에 적수가 있어야만 분발할 수 있다.

2 일런드 영양의 운명

동물학자들은 아프리카에서 강을 사이에 두고 동쪽, 서쪽으로 나뉘어 살고 있는 일런드 영양을 발견했어요. 그런데 이상한 것은 같은 일런드 영양이지만 동쪽에 사는 영양들이 번식능력과 달리기 속도가 훨씬 강하고 빨랐어요. 이유를 알기 위해 동물학자들은 일런드 영양 10마리를 각각 동쪽과 서쪽에 풀어놓았습니다. 시간이 지나자 동쪽의 영양은 14마리로 늘어났지만 서쪽의 영양은 겨우 3마리밖에 남지 않았어요. 조사결과 학자들은 강의 동쪽에는 늑대들이 산다는 것을 발견했어요. 바로 늑대가 일런드 영양의 생존본능을 불러일으킨 것입니다. 동쪽의 영양들은 살기 위해 날이 갈수록 강해져야 했지만 서쪽의 영양들은 천적이 없기 때문에 바람이 불면 쓰러질 듯 약하게 변했답니다.

01 동물학자들은 강의 동쪽과 서쪽 영양들에게서 어떤 차이를 발견했나요?

□가. 서쪽의 영양이 비교적 건강하다.

□나. 동쪽의 영양이 비교적 건강하다.

□다. 양쪽의 영양이 모두 건강하다.

□라. 양쪽의 영양이 모두 약하다.

02 서쪽에는 왜 3마리의 영양만 남았을까요?

□가. 음식물이 모자랐다.

□나. 늑대에게 먹혔다.

□다. 병으로 죽었다.

□라. 약해져서 죽었다.

03 늑대는 일런드 영양에게 어떤 변화를 일으켰나요?

  □ 가. 생존 본능을 불러일으켰고 갈수록 작아지게 했다.

  □ 나. 생존 본능을 불러일으켰고 갈수록 커지게 했다.

  □ 다. 생존 본능을 불러일으켰고 갈수록 강해지게 했다.

  □ 라. 생존 본능을 불러일으켰고 갈수록 아름답게 했다.

04 천적이 없는 영양은 어떻게 변했을까요?

  □ 가. 우유부단하게 변했다.

  □ 나. 아무 변화 없다.

  □ 다. 원래 살던 방식을 유지했다.

  □ 라. 바람이 불면 날아갈 듯 약해졌다.

3 경쟁의 법칙이 주는 교훈

경쟁의 법칙은 많은 것을 알려줍니다. 편안한 환경은 마치 천적이 없는 동물처럼 사람들에게 열정을 잃게 하고 사치스러운 생활을 누리면서 발전하지 않게 만듭니다. 그 결과 힘든 일이 닥치면 여지없이 실패하고 맙니다. 사람은 세상을 살면서 친구도 있어야 하지만 경쟁상대도 있어야 합니다. 경쟁상대가 있어야만 정신을 바짝 차리고 에너지를 몰입하여 최대한의 잠재능력을 발휘하게 됩니다. 유능한 상대를 이기려면 반드시 더욱 노력해야 하기 때문입니다.

01 동물의 천적은 사람에게는 무엇과도 같은가요?

  □ 가. 동료

  □ 나. 원수

  □ 다. 경쟁상대

  □ 라. 친구

CHAPTER 16

02 천적이 없는 환경은 사람에게 어떤 환경과도 같은가요?

☐ 가. 격렬한 환경

☐ 나. 조용한 환경

☐ 다. 힘든 생활환경

☐ 라. 편안한 환경

03 위 문제의 결과와 같은 환경은 우리를 어떻게 만드나요? (정답을 모두 고르세요)

☐ 가. 활력이 없어진다.

☐ 나. 열정을 잃게 된다.

☐ 다. 발전하지 않으려 한다.

☐ 라. 평범하게 살기를 원한다.

☐ 마. 실패의 길을 걷는다.

☐ 바. 사치스럽고 안일하게 지내게 한다.

☐ 사. 의식을 마비시킨다.

☐ 아. 놀기만 좋아하게 된다.

04 경쟁상대는 우리에게 어떤 변화를 주나요? (정답을 모두 고르세요)

☐ 가. 경쟁의식을 불러일으킨다.

☐ 나. 어떤 일을 잘하려고 단단히 마음먹고 발전하게 한다.

☐ 다. 창조력을 불러일으킨다.

☐ 라. 더욱 분발하게 한다.

☐ 마. 남을 따라하는 습성이 생긴다.

☐ 바. 잠재능력을 불러일으킨다.

05 경쟁상대를 이기려면 어떻게 해야 할까요?

　　□ 가. 남의 힘을 빌려 허세를 부린다.

　　□ 나. 새로운 분야로 옮긴다.

　　□ 다. 끈질기게 노력한다.

　　□ 라. 경쟁상대를 비난한다.

4 경쟁의 법칙의 응용

경쟁의 법칙은 우리 생활에서 흔하게 볼 수 있습니다. 운동경기, 기업들의 경쟁, 각종 시험, 사랑 등처럼 말이죠. 사람들은 자신을 북돋워서 잠재능력을 개발할 수 있습니다. 그보다 훨씬 간단하고 효과적인 방법은 바로 경쟁상대를 통해 자신의 능력을 높이는 것이죠. 스스로 분발하는 일은 굳은 의지가 있어야 하지만 경쟁상대에 대한 반응은 사람의 본능이니까요. 그러므로 우리는 경쟁상대가 있어도 전혀 두려워하지 말고 상대에게 감사해야 합니다. 강력한 경쟁상대는 자신의 의욕을 불러일으킬 수 있기 때문입니다.

01 자신의 잠재능력을 쉽게 불러일으킬 수 있는 방법은 무엇일까요?

　　□ 가. 자기 스스로 불러일으킨다.

　　□ 나. 이름난 스승의 가르침을 받는다.

　　□ 다. 심리학과정을 수료한다.

　　□ 라. 상대와 경쟁한다.

02 위 문제에서 말한 답의 근거는 무엇일까요?

　　□ 가. 굳은 의지가 있어야 한다.

　　□ 나. 요령을 쉽게 찾을 수 있다.

　　□ 다. 사람의 본능이다.

　　□ 라. 쉽게 배울 수 있다.

03 경쟁상대를 만나면 어떤 태도를 취해야 할까요?

☐ 가. 상대를 인정하지 않는다.

☐ 나. 경쟁하게 될 것을 슬프게 생각한다.

☐ 다. 친구로서 좋아해야 한다.

☐ 라. 경쟁하게 된 것을 고마워한다.

04 혼자 자전거를 타는 사람은 자신의 속도를 어떻게 높일 수 있을까요?

☐ 가. 자전거를 바꾼다.

☐ 나. 계속 혼자 타면서 속도를 높인다.

☐ 다. 다른 친구들과 함께 속도 높이기 경쟁을 한다.

☐ 라. 자전거 타기를 포기한다.

05 집단의 활력과 경쟁의식을 불러일으키려면 어떻게 해야 할까요?

☐ 가. 규칙을 어기는 팀원을 크게 벌한다.

☐ 나. 나쁜 팀원을 쫓아낸다.

☐ 다. 늘 팀원을 격려한다.

☐ 라. 훌륭한 팀원을 뽑는다.

5 생각해보기

여러분은 경쟁상대와 함께 어떻게 자신의 능력을 높일 것인지 생각해보세요.

_____

_____

_____

_____

제 16과 학습 포인트

✓ 인생에 경쟁상대가 있어야 더욱 분발하게 한다.

✓ 경쟁상대가 없으면 의기소침해지고 발전하지 않으려 하고 평범한 것
을 받아들이게 된다.

✓ 상대를 이기려면 우리는 더욱 노력해야 한다.

✓ 경쟁의식은 사람의 본능이다.

✓ 경쟁상대에 감사할 줄 알아야 한다.

♪♪ 참고답안

사람들마다 생각이 다를 수 있어요. 어떤 답이 절대적으로 옳다고 말할 수 없기 때문에 여기에 있는 답은 참고답안일 뿐이니 정답이 아니랍니다. 그리고 혹시 답이 나와 있지 않은 문제는 여러분이 자유롭게 생각하면 됩니다.

제1과

1

01 ㉑   02 ㉯

2

01 ㉯   02 ㉑   03 ㉣   04 ㉮   05 ㉮   06 ㉑   07 ㉯

3

01 ㉮   02 ㉑   03 ㉣   04 ㉯   05 ㉑   06 ㉣   07 ㉣   08 ㉣   09 ㉑

4

01 ㉑   02 ㉮   03 ㉮, ㉯, ㉑, ㉰, ㉱

제2과

1

01 ㉣   02 ㉮

2

01 ㉯   02 ㉣   03 ㉮   04 ㉣   05 ㉮, ㉣   06 모두 정답

3

01 ㉯   02 ㉣   03 ㉑   04 ㉯   05 ㉮

4

01 ㉑, ㉣   02 ㉯   03 ㉯   04 ㉣

제3과

1

01 ㉑   02 ㉑   03 ㉮   04 ㉯

2

01 ㉡   02 ㉡,㉣   03 ㉠   04 ㉢   05 ㉧   06 ㉡

3

01 ㉢   02 ㉠   03 ㉧   04 ㉢   05 ㉧

4

01 ㉧   02 ㉣   03 ㉠   04 ㉡

제4과

1

01 ㉡   02 ㉠   03 ㉢   04 ㉧   05 ㉢

2

01 ㉡   02 ㉢   03 ㉠   04 ㉧   05 ㉡

3

01 ㉡   02 ㉡   03 모두 정답   04 ㉠   05 ㉧,㉠,㉡,㉢

4

01 ㉠,㉤   02 ㉢   03 ㉧

제5과

1

01 ㉢   02 ㉠   03 ㉡   04 ㉠   05 ㉠

2

01 ㉧   02 ㉧   03 ㉧   04 ㉡   05 ㉠   06 ㉧

3

01 ㉢   02 모두 정답   03 ㉡   04 ㉢   05 ㉧   06 ㉡

4

01 ㉠   02 ㉡   03 ㉢   04 ㉧

5

01 ㉧

제6과

1

01 ㉣   02 ㉤   03 ㉢   04 ㉠   05 모두 정답

2

01 ㉠   02 ㉤   03 ㉢   04 ㉠   05 ㉣   06 ㉤

3

01 ㉣   02 ㉣   03 ㉤   04 ㉢, ㉣, ㉤, ㉥, ㉦

4

01 ㉠   02 ㉠, ㉢, ㉦   03 ㉢   04 ㉤   05 ㉢

제7과

1

01 ㉣   02 ㉤   03 모두 정답   04 ㉢

2

01 ㉣   02 ㉢   03 ㉠   04 ㉤   05 ㉣

3

01 ㉢   02 ㉢   03 ㉢   04 ㉣   05 ㉠   06 ㉤

4

01 모두 정답   02 ㉤   03 ㉢   04 ㉢, ㉣, ㉤, ㉥, ㉦

제8과

1

01 ㉢   02 ㉠, ㉤, ㉥, ㉨   03 ㉢   04 ㉣   05 ㉤

2

01 ㉣   02 ㉠, ㉢, ㉤, ㉥, ㉦, ㉨   03 ㉢   04 ㉣   05 ㉤

3

01 ㉣   02 ㉢   03 ㉤   04 ㉢   05 ㉣

4

01 ㉣   02 ㉤   03 ㉠   04 ㉤   05 ㉤

제9과

1

01 ㉯   02 ㉯   03 ㉰   04 ㉮, ㉰, ㉱, ㉳   05 ㉱   06 ㉰

2

01 ㉯   02 ㉰   03 ㉰   04 ㉯

3

01 ㉰   02 ㉯   03 ㉯   04 ㉱   05 ㉯   06 ㉱   07 ㉮

4

01 ㉱   02 ㉯   03 ㉰   04 ㉱   05 ㉮   06 ㉯, ㉰, ㉱, ㉲, ㉳, ㉵

제10과

1

01 ㉯   02 ㉱   03 ㉯   04 ㉮   05 ㉯

2

01 ㉰   02 ㉰   03 ㉱

3

01 ㉮   02 ㉰   03 ㉰   04 ㉰   05 모두 정답

4

01 ㉯   02 ㉰   03 모두 정답   04 ㉮, ㉯, ㉰, ㉱

제11과

1

01 ㉯   02 ㉰   03 ㉮   04 ㉱   05 ㉯

2

01 ㉱   02 ㉮   03 ㉰   04 ㉯

3

01 모두 정답   02 ㉰   03 ㉱   04 ㉰   05 ㉰   06 ㉯

4

01 ㉮, ㉰, ㉲   02 ㉯   03 ㉯   04 ㉰

제12과

1

  01 ㉣   02 ㉣   03 ㉮   04 ㉯   05 ㉰

2

  01 ㉮   02 ㉮, ㉯, ㉰, ㉱, ㉲, ㉳, ㉴   03 ㉮, ㉯, ㉰, ㉱,   04 ㉣

3

  01 ㉰   02 ㉣   03 ㉰   04 ㉯   05 ㉮   06 ㉯

4

  01 ㉯, ㉱   02 ㉰   03 ㉮   04 ㉮, ㉯, ㉰, ㉱, ㉲   05 ㉮

  06 ㉮, ㉯, ㉰, ㉱, ㉳, ㉴

제13과

1

  01 ㉣   02 ㉮, ㉯, ㉰, ㉣, ㉱   03 ㉮

2

  01 ㉮   02 ㉮   03 ㉣   04 ㉰

3

  01 ㉯   02 ㉰   03 ㉯   04 ㉮   05 ㉰, ㉣, ㉱   06 ㉰

4

  01 ㉰   02 ㉰   03 ㉣   04 ㉣   05 ㉮   06 ㉣

제14과

1

  01 ㉮, ㉱   02 ㉰   03 ㉣   04 ㉣   05 ㉣   06 ㉰

2

  01 ㉰   02 ㉮, ㉯, ㉰, ㉣, ㉱, ㉲   03 ㉯   04 ㉮   05 ㉰   06 ㉰

3

  01 ㉰   02 ㉣   03 ㉯   04 ㉮   05 ㉮   06 ㉯, ㉰, ㉣, ㉱

4

01 ㉯　02 ㉰　03 ㉮　04 ㉮　05 ㉰,㉱,㉲,㉳

제15과

1

01 ㉮　02 ㉰　03 ㉭　04 ㉯　05 ㉭

2

01 ㉯,㉭　02 ㉭　03 ㉭　04 ㉯　05 ㉰

3

01 ㉭　02 ㉮　03 ㉰　04 ㉯　05 ㉯,㉰,㉭,㉲

4

01 ㉰　02 ㉭　03 ㉰,㉭,㉲,㉳,　04 ㉮,㉰,㉲

제16과

1

01 ㉯　02 ㉯　03 ㉭　04 ㉯　05 ㉰　06 ㉭

2

01 ㉯　02 ㉭　03 ㉰　04 ㉭

3

01 ㉰　02 ㉭　03 모두 정답　04 ㉮,㉯,㉰,㉭,㉲　05 ㉰

4

01 ㉭　02 ㉰　03 ㉭　04 ㉮　05 ㉭

지은이

리앙즈웬(梁志援)

저자는 홍콩 이공대학과 마카오 동아대학(마카오대학)에서 경영관리 학사학위, 마케팅 학사학위와 석사학위를 받았으며, 아동 사고(思考) 훈련 및 컴퓨터 교육 분야에서 많은 현장 경험을 가지고 있다. 현재 홍콩 컴퓨터학회, 영국 특허마케팅학회, 홍콩 컴퓨터교육학회와 홍콩 인터넷교육학회 회원으로 활동하고 있다. 또한 컴퓨터 과학기술, 심리학, 신경언어학(NLP)을 통해 아동과 청소년 양성에 주력해왔다. 그는 또한 사고방법, 교수법, 잠재의식 운영, 심리학 등의 관련 학문을 공부했다.

홈페이지 www.youngthinker.net

옮긴이

리선애

중국에 거주하고 있으며 길림성 연변대학 신문방송학과를 졸업하고 연변라디오텔레비전신문사에서 3년간 기자생활을 했다. 현재 연변인민출판사에서 편집자로 근무 중이며 번역업무도 하고 있다.

한언의 사명선언문

Since 3rd day of January, 1998

Our Mission ─ · 우리는 새로운 지식을 창출, 전파하여 전 인류가 이를 공유케 함으로써 인류문화의 발전과 행복에 이바지한다.

─ · 우리는 끊임없이 학습하는 조직으로서 자신과 조직의 발전을 위해 쉼없이 노력하며, 궁극적으로는 세계적 컨텐츠 그룹을 지향한다.

─ · 우리는 정신적, 물질적으로 최고 수준의 복지를 실현하기 위해 노력하며, 명실공히 초일류 사원들의 집합체로서 부끄럼없이 행동한다.

Our Vision 한언은 컨텐츠 기업의 선도적 성공모델이 된다.

저희 한언인들은 위와 같은 사명을 항상 가슴 속에 간직하고
좋은 책을 만들기 위해 최선을 다하고 있습니다.
독자 여러분의 아낌없는 충고와 격려를 부탁드립니다.
· 한언 가족 ·

HanEon's Mission statement

Our Mission ─ · We create and broadcast new knowledge for the advancement and happiness of the whole human race.

─ · We do our best to improve ourselves and the organization, with the ultimate goal of striving to be the best content group in the world.

─ · We try to realize the highest quality of welfare system in both mental and physical ways and we behave in a manner that reflects our mission as proud members of HanEon Community.

Our Vision HanEon will be the leading Success Model of the content group.